예수께서 전파하신

충만한

기쁨의
비 결

예수께서 전파하신

충만한 기쁨의 비결

Copyright ⓒ 새세대 2021

초판 발행 ┃ 2021년 9월 15일

지은이 ┃ 곽요셉
펴낸곳 ┃ 도서출판 새세대
발행인 ┃ 곽요셉
이메일 ┃ churchgrowth@hanmail.net
홈페이지 ┃ newgen.or.kr
출판등록 ┃ 2009년 12월 18일 제20009-000055호
주소 ┃ 경기도 성남시 분당구 정자동 210-1
전화 ┃ 031)761-0338 팩스 031)761-1340

ISBN 979-11-88604-09-8 (03230)

잘못된 책은 구입처에서 교환해 드립니다.
책값은 뒤표지에 있습니다.

예수께서 전파하신

충만한

기쁨의
비 결

곽요셉 지음

도서
출판 **새세대**

세상에는 진정한 기쁨과 평강이 없습니다. 모두 다 근심 중에 살아갑니다. 미래에 대한 불확실, 질병과 고통, 후회와 죄책감, 결정적으로 죽음이라는 인간의 실존적 두려움이 늘 있습니다. 그런데 예수님께서는 하나님을 믿음으로 근심하지 말라 하시면서 거듭난 천국 백성으로 예수님께서 주시는 충만한 기쁨을 누리며 세상을 살아갈 것을 말씀하셨습니다.

예수님은 세상이 잠시 잠깐 주는 기쁨과는 차원이 다른, 세상이 알 수도 없는 기쁨을 말씀하셨습니다. 그 기쁨은 성령에 의해 오직 믿음으로 받는 선물입니다. 하나님과 하나님의 주권을 믿음으로 하나님의 은혜와 사랑에 거하는 중에 만족하는 기쁨입니다. 거듭난 그리스도인은 예수님께서 주시는 기쁨을 소유하고 누리는 사람으로 선택받았습니다.

그런데 어떻습니까? 여러분은 하나님의 자녀로 이 기쁨을 누리는 중에 오늘을 살고 있습니까? 그렇지 못하다면 복음을 믿고 의지하며 살아가고 있는지 돌아보아야 합니다. 복음을 믿음으로 믿음의 생각에 이끌려 믿음의 세계를 바라보고 예수님과 함께하고 있는지 살펴봐야 합니다. 영생의 주인이신 예수님을 알고 믿고 따라갈 때 참된 기쁨을 비로소 누릴 수 있기 때문입니다.

거듭난 그리스도인은 예수 그리스도의 십자가와 부활에 집중하며 하나님의 역사에 대한 확신을 가짐으로 세상에서 진정한 기쁨을 얻습니다. 그때는 아무리 내게 시련과 역경과 고통이 있어도 그 속에서 하나님을 찬미하며 하나님의 평강을 누리는 삶을 살게 됩니다. 그리고 성령의 인도하심 가운데 이웃에게 복음의 기쁨을 알리며 나누어 줄 책임적 존재로 살아갑니다. 여러분은 이 기쁨을 날마다 경험하고 있습니까? 아니면 그 기쁨이 일시적인 것입니까?

여기에 기억해야 할 주님이 주시는 기쁨을 날마다 누리는 비결이 있습니다. 그것은 믿음으로 예수 그리스도와 연합하여 좁은 문으로 들어가기를 힘쓰는 것입니다. 하나님 나라 주변에 가까이 가거나 또는 주변에 머무는 것이 아니라, 하나님 나라에 들어감으로 이 기쁨을 지속적으로 경험하게 됩니다.

하나님의 사람은 기도함으로 하나님과 교제하고, 하나님의 크신 사랑과 은혜 안에서 살아감으로 이 기쁨 가운데 살아가게 됩니다. 영생을 소유한 사람으로 하나님을 경외하며 오직 하나님만을 소망할 때, 경건한 예배 중에 이 기쁨은 회복되고 성령께서 이 기쁨을 날마다 누리게 하십니다.

복음의 역사로 말미암은 기쁨을 누리며 세상에 충격을 주는 것이 하나님께서 하나님의 자녀에게 주신 사명입니다. 이 책을 읽는 중에 나의 노력이 아닌, 하나님의 은혜의 선물로 주시는 천국의 기쁨과 신령한 영생의 기쁨을 누리며 성령 충만한 복음의 증인으로 승리하는 삶을 사시기 바랍니다.

차 례

01

충만한
기쁨의 비결

태초부터 있는 생명의 말씀에 관하여는 우리가 들은 바요 눈으로 본 바요 자세히 보고 우리의 손으로 만진 바라 이 생명이 나타내신 바 된지라 이 영원한 생명을 우리가 보았고 증언하여 너희에게 전하노니 이는 아버지와 함께 계시다가 우리에게 나타내신 바 된 이시니라 우리가 보고 들은 바를 너희에게도 전함은 너희로 우리와 사귐이 있게 하려 함이니 우리의 사귐은 아버지와 그의 아들 예수 그리스도와 더불어 누림이라 우리가 이것을 씀은 우리의 기쁨이 충만하게 하려 함이라   - 요한일서 1:1-4

01

충만한 기쁨의 비결

    위대한 작곡가 베토벤의 일화입니다. 그는 서른두 살 때 유서를 쓰게 되는데, 그 안에 그의 슬픔과 분노가 잘 나타나 있습니다. "나는 지난 6년 동안 나아진다는 희망에 속아서 살아왔다. 그러나 더 이상 희망은 없다. 절망이다. 나는 귀머거리다. 음악가인 나에게 있어서 더 예민해야 할 감각을 완전히 잃어버리다니! 이 불행을 어떻게 감당할 수 있으랴? 잠시 후면 나는 나의 삶을 마감하게 될 것이다. 아! 불운한 존재여!" 그러나 이런 절망 가운데서도 베토벤은 목숨을 즉시 끊지 않았습니다. 절망 후에 마음속에 밀려오는 하나님에 대한 소망이 있었기 때문입니다. 그는 유서 끝에 이렇게 기록합니다. "오 하나님! 나에게 마지막으로 순수한 기쁨의 날을 허락하소서!" 그러나 너무도 오랫동안 그의 마음속에 진정한 기쁨이 우러나오지 않았습니다. 그래서 그는 다시 하나님만을 의지하는 중에 하나님께서 주시는 충만한 기쁨을 누리면서 수많은 위대한 작품을 작곡하게 됩니다. 깊이 생각해 보시기 바랍니다.

거듭난 그리스도인이 누리는 기쁨

예수님께서 십자가를 지시기 전날 밤, 제자들에게 이렇게 말씀하셨습니다. 요한복음 15장 11절입니다. "내가 이것을 너희에게 이름은 내 기쁨이 너희 안에 있어 너희 기쁨을 충만하게 하려 함이라." 예수님은 지금 감당할 수 없는 시련에 직면하여 죽음의 위기 가운데 거룩한 근심 속에 있었지만, 그분은 충분히 기쁨을 누리고 있었습니다. 그래서 제자들에게 말씀하셨습니다. "이 기쁨을 너희에게 주노라." 비록 악한 세상이지만 충만한 기쁨을 갖고 살라고 오늘도 주께서 말씀하십니다. 충만한 기쁨을 소유한 사람으로 이 땅에서 권세 있는 삶을 살라고 하십니다.

성도 여러분, 진정 여러분은 예수님께서 주시는 이 기쁨을 소유한 자로, 이 기쁨을 누리는 자로 오늘을 살아가십니까? 기뺨의 근원이 무엇인지를 알며 그 기쁨을 일상에서 지속하면서 살아가십니까? 깊이 생각해야 합니다. 이 세상 속에는 참 기쁨이란 존재하지 않습니다. 이것을 잊어서는 안 됩니다. 예수님이 말씀하시는 그 기쁨은 세상 속에는 나타나지 않습니다. 이 세상은 그 기쁨을 들어도 듣지 못하고 알지 못하며 누리거나 소유할 수 없습니다. 오직 복음의 사람만이, 거듭난 천국 백성만이 이 기쁨을 알며 소유하고 누리면서 오늘을 살아갑니다. 그러므로 스스로에게 질문해야 합니다. "나는 이 기쁨을 소유하고 누리며 오늘을 살아가고 있는가?"

하나님의 사람이며 철학자인 키르케고르는 세상이 누리는 기쁨과 하나님을 아는 즐거움이 어떻게 다른지를 아주 간단한 비유를 통해서 우리에게 설명해 줍니다. 한번 들어보시기 바랍니다. "캄캄한 시골길에 한 농부가 등불을 켜고 마차를 몰고 간다. 불행하게도 이 농부는 마차에 켜놓은 등불 때문에 아름답게 빛나는 밤하늘을 보지 못한다. 이 세상이 주는 기쁨과 즐거움은 그것이 고급스럽든 저급스럽든간에, 마치 이 농부가 마차를 타고 가며 켜 놓은 등불과 같다." 곧 작은 등불을 의존하기 때문에 하늘에 있는 찬란한 빛을 보지 못하는 것, 이것이 오늘날 인류가 처한 상태입니다. 모든 인간은 행복을 추구합니다. 그런데 그 행복의 절정 상태가 기쁨입니다. 그 기쁨을 위하여,

행복을 위하여 인간은 소중한 시간과 물질과 열정, 은사와 많은 것들을 쏟아붓습니다. 행복과 즐거운 인생을 위해서 말입니다. 그러나 그 결과가 무엇입니까? 더욱더 고독해하며, 근심과 낙심과 절망과 두려움 속에 살아갑니다. 이것을 분명히 알아야 합니다.

오늘날 현대인은 많은 소유가 기쁨을 줄 것이라고 확신하며 소유 중심의 삶을 살아갑니다. 그 이유는 기쁨을 얻고 행복한 인생을 갖기 위해서입니다. 그러나 그 소유가 주는 기쁨은 일시적입니다. 지속적인 것이 아닙니다. 그런 기쁨을 추구하다 보니 나도 모르게 소유의 노예가 되고, 더 큰 근심과 불안과 두려움 속에 살아가는 실존에 직면하게 됩니다. 세상은 분명히 말합니다. 자유와 평등과 번영이 우리에게 기쁨을 주고 행복을 준다고 외치지만 한 번도 그렇게 된 적이 없습니다. 더 이상 그리스도인은 속아서는 안 됩니다. 세상에는 참 평안과 기쁨, 참 안식이 없습니다. 세상에는 유토피아가 없습니다. 성경은 그 이유를 명백히 말합니다. 세상은 죄의 권세 아래 있기 때문입니다. 악한 영에 사로잡혀 있기 때문에, 이 잘못된 세계관에 이끌려 참 안식과 기쁨을 누릴 수 없습니다. 즉 이 모든 것이 죄의 결과임을 우리에게 말합니다.

성경을 보면 다윗이란 인물이 등장합니다. 그는 하나님의 마음에 합한 사람입니다. 그는 평생 전쟁을 치르며 전쟁터에서 살았습니다. 그는 수많은 시련과 역경과 고난을 당하며 고통의 시간을 지냈습니다. 그러나 그 속에서 기쁨의 원천을 알았고, 그 기쁨을 소유하고 누리며 승리의 삶을 살았습니다. 그래서 시편 16편 11절에서 이렇게 고백합니다. "주께서 생명의 길을 내게 보이시리니 주 앞에는 충만한 기쁨이 있고 주의 오른쪽에는 영원한 즐거움이 있나이다." 다윗은 모든 그리스도인, 하나님의 백성이 누릴 수 있는 그 기쁨을 누렸고 즐거워하며 나누어 주고 있습니다. 성도 여러분, 여러분은 이 기쁨을 알며 지속하며 오늘을 살아가십니까?

오늘 우리에게 주신 4절 말씀을 보십시오. "우리가 이것을 씀은 우리의 기쁨이 충만하게 하려 함이라." 요한일서가 기록된 목적을 말합니다. 하나님의 자녀들이 충만한 기쁨을 누리며 이 세상에서 살게 하려고 이 서신이 기록됐다고 말합니다. 그런데 이 서신이 기록될 그 당시의 상황을 한번 생각해 보십시오.

두 가지 특징이 있는데, 하나는 교인들이 잘못된 신앙생활을 하는 것입니다. 그 이유는 당시 영지주의의 영향을 받은 철학이 교회 안에 들어와 복음을 왜곡하고 복음을 율법과 섞어 다른 복음을 만들었기 때문입니다. 그러다 보니 잘못된 가르침에 이끌려서 복음의 기쁨을 누리지 못합니다. 대신 세상의 기쁨을 맛보고 갈망하게 되니 그들은 근심과 절망, 고통과 불안 속에 살아가게 되었습니다.

또 하나의 특징은 그 당시 기독교 역사상 가장 큰 박해가 있었던 것입니다. 예수님을 믿는다는 이유로 수많은 하나님의 사람들이 박해받고 고통당하며 잡혀가서 죽었습니다. 이런 상황에서 교인들이 기쁨을 잃었습니다. 예수님을 믿지만 충만한 기쁨을 잃어버린 채 두려움과 절망과 낙심 중에 살아가게 되었습니다. 그래서 성령께서 사도 요한을 통하여 충만한 기쁨의 비결을 알려주시면서 그 기쁨을 누리며 이 땅에서 살라고 위로하시며 권면하시는 것입니다.

그리고 오늘 본문의 말씀처럼 그 기쁨은 모든 사람이 누릴 수 있는 기쁨이 아닙니다. 우리의 기쁨입니다. 이는 거듭난 그리스도인만의 기쁨입니다. 구원받지 못한 자는 이 기쁨을 알지 못합니다. 세상은 알 수도 없고 소유할 수 없는 기쁨입니다. 오직 천국 시민권을 가진 사람만이 복음 안에서 맛볼 수 있고 소유할 수 있으며 지속할 수 있는 기쁨입니다. 사도 요한은 이 기쁨을 충만히 누리며 살았습니다. 그 혹독한 박해와 수많은 고통 속에서도, 세상을 어지럽히는 우상숭배와 잘못된 철학이 교회에 들어와서 복음을 포기하게 하는 애통한 상황에서도 그는 그 기쁨을 알았습니다. 그래서 이 서신을 체험적으로 증거하며 기록하게 됩니다.

충만한 기쁨을 누리지 못하는 이유

성도 여러분, 성경이 말하는 충만한 기쁨은 추상적인 것이 아닙니다. 심리적인 것도 아닙니다. 이것을 잊어서는 안 됩니다. 이는 실제적 기쁨입니다. 사도 바울은 빌립보 감옥에 갇혀 쇠사슬에 매여서 극심한 고통 중에 있었지만, 환난 중에 즐거워하며 기뻐합니다. 성경은 그가 찬양을 불렀다고 기록합니다. 그래서 데살로니가전서 5장 16절 이하에서 말합니다. "항상 기뻐하라 … 이것이 하나님의 뜻이니라." 이것은 추상적인 말씀이 아닙니다. 실제 하나님의 자녀가 세상 속에서 누릴 수 있는 기쁨을 말합니다. 그 결정적 증거가 사도행전입니다. 그 당시는 핍박의 시대요, 어둠의 시대요, 우상숭배의 시대요, 참으로 불의와 불경건이 가득한 시대였습니다. 예수님을 죽인 시대입니다. 그러나 초대교인들은 기뻐하며 찬양했습니다. 주께서 주시는 기쁨으로 오직 주님만 바라보며 복음의 증인으로 승리하는 삶을 살았습니다. 이것이 기독교의 역사요, 성경의 기록입니다.

오늘날 과학기술 문명이 매우 발달했고 많은 것을 가졌음에도 불구하고 참 이해하기 어려운 일들이 많은데, 그 대표적인 것이 자살입니다. 잠시 생각해 보십시오. 왜 자살을 합니까? 기쁨이 없기 때문입니다. 기쁨을 포기했기 때문입니다. 많은 것을 소유하지만 충만한 기쁨을 완전히 상실했습니다. 소망이 없으므로 자살합니다. 불행하게도 교인들조차 자살하는 사람이 많습니다. 근본적인 이유가 무엇입니까? 주께서 주시는 기쁨을 모르기 때문입니다. 그 기쁨을 소유하며 누리지 못했기 때문에 그런 끔찍한 일이 발생합니다. 그리고 수많은 사람이 두려움과 절망과 좌절, 불안 속에 살아갑니다. 가장 근본적인 원인은 그 안에 기쁨이 없기 때문입니다. 기쁨이 상실됐습니다. 심지어 기쁨을 포기한 상태이기 때문입니다. 이것이 세상의 실존입니다. 세상에는 항상 두려움과 절망이 있을 뿐입니다. 근심과 불안과 고통과 절망이 있습니다. 이것이 오늘의 역사입니다. 인간 실존의 모습입니다. 성경이 말씀한 대로 이 세상은 악한 세상입니다. 악한 세계관에 사로잡혀 하나님을 경외하지 않고 하나님께 불순종합니다. 하나님과 바른 관계를 맺지 못했습니다. 죄의 결과입니다. 이것이 성경의 선포입니다.

그러나 이처럼 어둡고 절망으로 두려운 세상 속에서도 하나님의 자녀들은 충만한 기쁨을 누릴 수 있습니다. 이것이 복음입니다. 오직 복음만이 선포하는 하나님의 약속이며 하나님의 말씀입니다. 예수님은 말구유에 나시고 고난 받으셨으며 십자가에 죽으셨지만 그 안에 항상 충만한 기쁨이 있었습니다. 그래서 '내 기쁨을 너희에게 주노라. 너희도 충만한 기쁨을 누리며 이 세상에 살라'고 말씀하십니다. 사도들은 예수님의 십자가와 부활 이전부터 이 말씀을 수없이 들었는데 깨닫지 못했습니다. 누리지 못했습니다. 그러나 예수님이 부활하고 승천하신 후에 성령이 강림하시고 비로소 그들은 이 기쁨을 소유한 사람으로 기쁨을 누리며 담대한 인생을 살아갑니다. 그리고 거듭난 그리스도인이 이러한 인생을 살았음을 성경은 기록합니다.

성도 여러분, 구원받은 그리스도인임에도 불구하고 이 기쁨을 누리지 못하는 사람이 오늘날 엄청나게 많이 있습니다. 여기서 우리는 이들이 정말 구원받은 사람인지, 천국 백성인지, 거듭난 하나님의 사람인지 물어봐야 합니다. 물론 오늘 본문은 그들이 구원받은 사람이요, 천국 백성이라고 말합니다. 사도 요한이 편지를 보낸 그리스도인들은 이미 구원받은 하나님의 사람입니다. 그럼에도 불구하고 이 기쁨을 누리지 못하는 불행한 상태에 있었습니다. 그래서 이것을 일깨워 주려고 편지를 보낸 것입니다. 성경을 잘 읽으면 그들이 왜 이 기쁨을 누리지 못하는지 몇 가지 이유를 발견할 수 있습니다.

먼저는 복음을 깊이 묵상하지 않았기 때문입니다. 복음의 결과로 말미암은 기쁨인데 복음을 추상적인 하나의 지식으로 생각할 뿐이었습니다. 복음이 곧 삶이요, 인격이요, 믿음인데 깊이 묵상하지 못합니다. 더 나아가 하나님의 뜻을 분별하지 못합니다. 그러므로 잘못된 방법으로 기쁨을 구합니다. 인간관계를 통해, 소유를 통해 세상적인 기쁨을 추구하다 보니까 함정에 빠집니다. 또 다른 이유는 믿음의 확신을 갖지 못했기 때문이라고 말씀합니다. 분명히 예수님을 믿습니다. 그런데 그 확신을 가지고 세상 속에서 살지 못합니다. 여기에 문제가 있습니다. 그리고 죄가 결정적인 원인입니다. 죄 중에 살며 전심으로 회개하지 못했기 때문에 주께서 주신 이 기쁨을 누릴 수 없습니다. 하나님과 함께하지 못했기 때문입니다.

예수님이 주시는 충만한 기쁨

성도 여러분, 예수님이 말씀하신 성경의 기쁨은 과연 무엇입니까? 세상 지식으로는 알 수 없습니다. 세상에서 말하는 기쁨과 차원이 다릅니다. 귀를 열고 성경 말씀에 가까이해야 합니다. 몇 가지 특징이 있는데, 첫 번째로 이 기쁨은 창조된 기쁨입니다. 창조되는 것입니다. 성령에 의해서 오직 믿음으로 받는 선물입니다. 다시 말해서 인위적인 것이나 즉흥적인 것이 아닙니다. 세상의 기쁨은 항상 인위적입니다. 즉흥적입니다. 그러나 주께서 말씀하시는 기쁨은 그런 것이 아닙니다. 그런데 불행하게도 우리가 신앙생활을 하면 알지만, 교회 안에 이런 일이 많습니다. 대표적인 것이 찬양입니다. 주의해서 들으십시오. 찬양하지 말라는 것이 아닙니다. 찬양을 유도하거나 함께 큰 소리로 반복해서 떼창을 합니다. 그렇게 30분, 1시간 하는 것은 기뻐서 하는 것이 아닙니다. 이것은 인위적이고 조작된 것입니다. 그런데 그런 것이 마치 영적 기쁨인 것처럼 심리적으로 착각하게 만듭니다. 또한 많은 이벤트와 프로그램을 통해 그 안에서 위로받고 기쁨을 얻으려 합니다. 이것은 참 기쁨이 아닙니다. 성경이 말하는 기쁨은 창조되는 것입니다. 성령의 선물입니다.

또한 이 기쁨은 만족의 상태를 말합니다. 하나님의 사람 다윗은 시편 23편에서 말합니다. "여호와는 나의 목자시니 내게 부족함이 없으리로다." 부족한 게 많습니다. 필요한 것도 많습니다. 그러나 하나님과 하나님의 주권을 믿으니, 하나님의 은혜와 사랑 안에 거하니 만족하다는 고백입니다. 이런 만족의 상태에서는 두려움과 절망과 고독이 없습니다. 그것이 기쁨의 상태입니다. 무엇보다 중요한 것은 이런 기쁨은 영생과 직접적인 관계가 있습니다. 다시 말해서 육신의 생명으로는 이 기쁨을 누리지 못합니다. 알아도 받을 수가 없고 이해가 안 됩니다. 그러나 영생이 우리 안에 있으면 영생의 선물인 이 기쁨을 비로소 깨닫고 소유할 수 있음을 알게 됩니다. 영생을 소유한 사람만이 누릴 수 있는 그 기쁨을 예수님께서 말씀하십니다. 그리고 이 기쁨은 인간 실존에 있는 고통과 슬픔과 근심과 항상 공존합니다. 이런 기쁨의 상태에 있으면 그러한 어둠과 슬픔은 완전히 없어지고 죽어야 하는데, 실제는 그렇지 않습니다. 그러나 놀라운 것은 이 기쁨이 있을 때, 이 기쁨이 충만할 때 내 안에 있는 고독과 좌절과 슬픔과 불안, 두려움이 약해지고 사라집니다.

예수님을 보십시오. 예수님은 항상 애통해하는 마음으로 사셨습니다. 죄의 권세가 크고, 많은 사람이 하나님을 떠나 우상을 숭배하는 세상을 보면서 항상 불쌍히 여기셨습니다. 그런 사건을 직면할 때마다 우시기까지 하셨습니다. 그럼에도 그 속에 기쁨이 있었습니다. 이것이 항상 공존합니다. 사도 바울은 수많은 박해와 엄청난 고통 속에서 근심 중에 많은 시간을 보냅니다. 그러나 그 속에서 충만한 기쁨을 누렸습니다. 사도 요한 또한 그렇습니다. 이 시기는 박해의 시기였습니다. 섬에서 오랜 기간 유배당하고 많은 역경 속에 있었으나 그 속에서 충만한 기쁨을 누렸습니다. 이것을 잊어서는 안 됩니다. 성도 여러분, 이 놀라운 영생의 기쁨, 충만한 기쁨을 어떻게 소유하며 누릴 수 있습니까? 그 답은 오직 복음뿐입니다. 오직 성경뿐입니다.

오늘 성경은 두 가지를 우리에게 말해 주고 있습니다. 첫 번째는 예수 그리스도가 나의 주가 되실 때 누리는 기쁨입니다. 믿음으로 예수 그리스도와 연합하여 예수 그리스도를 따라가며 함께해야 합니다. 그래서 오늘 성경은 요한일서 전체의 목적이 충만한 기쁨을 주는 것이라고 밝히면서도 이를 위한 어떤 방법이나 설명을 제시하고 있지 않습니다. 계속 읽어나가도 다른 이야기는 없습니다. 다만 처음부터 예수 그리스도를 선포합니다. 태초부터 계신 예수님을 선포합니다. 그 예수님에 대해서 생명의 말씀, 영원한 생명으로 말씀합니다. 왜냐하면 영생의 주인이신 예수님께서 주시는 기쁨이며 영생과 직접 관계가 있는 기쁨이기에, 미사여구 없이 오직 예수 그리스도를 말합니다. 이것을 항상 기억하시기 바랍니다. 영생의 주인인 예수님을 알고 믿고 따라갈 때, 주께서 주시는 이 기쁨을 비로소 믿음으로 누릴 수 있습니다. 이것을 우리에게 알려줍니다.

두 번째는 예수 그리스도 안에서 하나님과 교제해야 합니다. 3절에서 "우리의 교제"(our fellowship)를 말씀합니다. "우리의 교제는 아버지와 그의 아들 예수 그리스도와 더불어 누림이라." 개역한글 번역에서는 "함께 함이라"로 기록하는데, 예수 그리스도 안에서 하나님과 교제함으로 누릴 수 있는 기쁨, 그것을 우리에게 가르쳐 줍니다.

한 마을에 산에서 나무를 베어 근근이 살아가는 할아버지가 있었습니다. 이 할아버지는 나이도 많고 혼자 살았습니다. 그런데 신앙생활 잘하면서 항상 밝은 웃음을 지니고 살았습니다. 그런 그에게 한 가지 좋은 습관이 있는데, 산에서 나무를 베고 내려올 때마다 교회에 꼭 들르는 것입니다. 그리고 예배당에 가서 한참 동안 기도하고 나오는데 그때마다 웃음을 띠고 기쁜 표정으로 나옵니다. 매일매일 이러한 모습을 보던 목사님이 묻습니다. "할아버지, 특별히 무엇을 달라고 기도하십니까? 무슨 소원이 그렇게 많아서 매일매일 와서 기도하십니까?" 그 할아버지의 대답입니다. "특별히 무엇을 달라고 기도하는 것이 아닙니다. 그다지 필요한 것도 없습니다. 다만 이 성전에 나와서 하나님의 얼굴을 바라볼 뿐입니다. 그러면 하나님께서 저를 내려다보시겠지요. 이렇게 하나님과 마주 보는 것만이 저의 유일한 행복이자 기쁨입니다."

충만한 기쁨, 이 기쁨은 하나님과 교제하지 않고는 또 하나님과 바른 관계를 맺지 않고는 가질 수 없습니다. 그래서 세상 사람은 알 수 없는 것입니다. 하나님의 사람은 기도로써 하나님과 교제합니다. 영혼의 교제를 합니다. 그 속에서 이 기쁨을 맛볼 수 있습니다. 또한 하나님의 크신 사랑과 은혜 안에서 살아갈 때 이 기쁨이 내게 넘쳐납니다. 하나님을 경외하며 오직 하나님만을 소망할 때, 그런 경건한 예배를 통해서 이 기쁨이 회복됩니다. 그리고 삶 속에서 하나님께 순종할 때, 정말 하나님만을 바라며 살아갈 때 성령께서 이 기쁨을 누리게 하십니다. 하나님과의 지속적인 교제 없이는 이런 기쁨은 추상적인 것이 되며 절대 누릴 수 없습니다.

성도 여러분, 거듭난 그리스도인은 예수님께서 주시는 기쁨을 소유하고 누리는 사람으로 선택받았음을 잊어서는 안 됩니다. 주께서 분명히 말씀하십니다. 여러 곳에서 말씀하십니다. "내 기쁨을 너희에게 주노라." 세상 속에서 이 복음을 믿고 의지하고 살아가는 자는 이 기쁨을 누리며 지속하며 오늘을 살아가야 합니다. 그 삶을 통해서 이 기쁨을 알지 못하는 이웃에게 이 복음의 기쁨을 알리며 나누어 줄 책임이 우리에게 있습니다.

교향곡의 아버지라 불리는 하이든의 일화입니다. 그가 성가를 지휘할 때, 성가대는 기쁨이 충만하여 노래를 부르고 또 모든 교인도 마음으로 즐겁게 노래했습니다. 그런데 이 소문이

전해지고 전해지다 조금 다르게 전해졌습니다. 그 소문을 들은 한 목사님이 물었습니다. "하이든 씨, 소문에 의하면 당신은 성가를 지휘할 때 춤을 춘다고 하는데 그게 사실입니까?" 그러자 하이든이 이렇게 대답했습니다. "사실입니다. 저는 하나님을 생각하면 그저 감사하고 기쁘고 즐겁고 웃음이 절로 나와서 작곡할 때 연필도 춤을 추고 노트도 춤을 추지요. 그러니 지휘할 때 춤을 추는 것이 당연하지 않겠습니까?"

성도 여러분, 거듭난 천국 백성은 예수님이 주신 이 충만한 기쁨을 누리고 소유하며 지속하면서 이 땅에서 살아가야 합니다. 이것은 하나님께서 주신, 하나님의 자녀에게 주신 사명입니다. 그래서 성경은 말합니다. "항상 기뻐하라. 주 안에서 기뻐하라." 복음의 역사로 말미암은 기쁨을 누리며 이 세상에 충격을 주어야 합니다. 이 땅에서 영생의 삶이란 바로 이런 것입니다. 참 기쁨을 모르는 세상을 향하여, 영생의 기쁨에 대해 무지한 불쌍한 불신자를 향하여 천국 백성은 이 천국의 기쁨과 신령한 영생의 기쁨을 누리며 복음의 증인으로 승리해야 합니다.

전지전능하신 하나님, 이 어두운 세대에 복음의 빛을 비춰주시
어 오직 주의 복음을 믿음으로 하나님의 자녀되며 우리 안에 영
생의 기쁨, 충만한 기쁨을 누리게 하시며 이 기쁨의 증인으로
이 땅에서 승리하게 하심을 진심으로 감사드립니다. 그러나 하
나님과 바른 관계를 맺지 못하여 그리스도 밖에서 자행자지하
므로 그 기쁨을 누리지 못하며 그 기쁨을 추상화하며 살아가는
불신앙의 삶을 용서하여 주옵소서. 주께서 주신 이 기쁨을 오직
믿음으로 소유하며 성령의 역사로 이 기쁨을 누리는 자로 이 땅
에서 권세 있게 살아 불신앙의 세대와 이 기쁨을 모르는 무지한
이웃에게 평강의 기쁨, 영원한 기쁨을 알리며 나누어 주는 복
있는 자의 인생을 살아갈 수 있도록 함께하여 주옵소서. 우리
주 예수 그리스도의 이름으로 간절히 기도드리옵나이다. 아멘.

02

생명의 말씀

태초부터 있는 생명의 말씀에 관하여는 우리가 들은 바요 눈으로 본 바요 자세히 보고 우리의 손으로 만진 바라 이 생명이 나타내신 바 된지라 이 영원한 생명을 우리가 보았고 증언하여 너희에게 전하노니 이는 아버지와 함께 계시다가 우리에게 나타내신 바 된 이시니라 우리가 보고 들은 바를 너희에게도 전함은 너희로 우리와 사귐이 있게 하려 함이니 우리의 사귐은 아버지와 그의 아들 예수 그리스도와 더불어 누림이라 우리가 이것을 씀은 우리의 기쁨이 충만하게 하려 함이라

- 요한일서 1:1-4

02

생명의 말씀

리더십 저널의 편집장을 지낸 스카이 제너시 목사가 금세기 최고의 기독교 변증가이며 복음주의자인 달라스 윌라드 박사와 인터뷰할 때의 일입니다. 두 사람은 현대교회의 문제점을 비롯해 현대교회의 역기능에 관해 진지하게 대화를 나누었습니다. 스카이 제너시 목사는 문제점과 근본원인을 정확히 꿰뚫고 있는 달라스 윌라드 박사의 깊은 통찰력에 고개가 숙여졌습니다. 두 시간의 대화가 끝날 무렵, 스카이 제너시 목사가 이렇게 물었습니다. "현대교회가 이렇게 망가져 있으니 이제 그만 백기를 들어야 되겠지요?" 그때 달라스 윌라드 박사는 빙그레 웃으며 대답합니다. "절대 그럴 수 없습니다." 스카이 제너시 목사가 물었습니다. "무슨 말씀이세요? 방금 두 시간 내내 교회의 온갖 문제점을 지적하셨잖아요. 이런 상황에서 어떻게 포기하지 않을 수 있겠습니까?" 그때 달라스 윌라드 박사가 이렇게 대답했습니다. "그것은 그리스도가 교회의 머리이시고 그분의 교회를 그리스도께서 알아서 이끌어 갈 것이기 때문입니다." 깊이 생각해 보시기 바랍니다.

교회와 그리스도인이 선포해야 할 것

성도 여러분, 교회의 선포는 오직 예수 그리스도입니다. 교회의 머리시며 주인이신 예수 그리스도, 십자가에 죽으셨으나 다시 사신 예수 그리스도, 오늘도 살아 역사하시어 성령을 통하여 활동하시는 그리스도를 선포해야 합니다. 복음의 본질인 예수 그리스도와 하나님 나라만을 진실하게 권세 있게 선포해야 합니다. 성도 여러분, 성경의 초점이 무엇이라고 생각하십니까? 바로 예수 그리스도입니다. 성경의 모든 사건과 주제는 예수 그리스도의 십자가와 부활에 집중하고 있습니다. 믿음의 조상 아브라함도 아닙니다. 위대한 지도자 모세도 아닙니다. 하나님의 마음에 합한 사람 다윗 왕도 아닙니다. 위대한 선지자들도 아닙니다. 사도들도 아닙니다. 성경의 초점은 오직 예수 그리스도입니다.

오늘날 교회의 위기와 타락의 원인이 바로 여기 있습니다. 그리스도의 복음을, 예수 그리스도를 선포하지 않습니다. 대신 다른 것들을 더 많이 선포하고 증거합니다. 더 나아가 다른 복음, 다른 예수를 증거하고 있습니다. 이것을 알아야 합니다. 오늘날 세상에는 수많은 다른 예수가 기독교 안에서 선포되고 증거되고 있습니다. 성공을 주시는 예수님, 번영을 주시는 예수님, 내게 행복을 주시는 예수님이 선포되고 있습니다. 또한 자아성취를 이루게 하시는 예수님, 사회를 개혁하고 개선하게 하시는 예수님, 내게 지혜를 주시는 예수님, 자아성취를 이루게 하시는 예수님이 증거되고 있습니다. 하지만 이는 잘못된 것입니다. 성경이 말하는 예수님은 그런 분이 아닙니다.

성도 여러분, 교회는 오직 예수 그리스도가 행하신 것을 선포해야 합니다. 행하지 않으신 일에 관해 관심을 가지면 안 됩니다. 그것은 인간의 기대와 소원일 뿐입니다. 명백하게 예수님께서 행하신 역사적 사건과 그것을 통하여 주시는 메시지를 선포하고 증거해야 합니다. 성경에 명백하게 기록되고 계시되어 있습니다. 그 주제가 십자가와 부활입니다. 예수님께서 명백하게 행하신 사건입니다. 그 안에 무궁무진한 하나님의 은혜와 진리가 계시되어 있습니다. 그리고 하나님의 나라입니다.

예수님은 처음부터 끝까지 하나님의 통치와 주권을 선포하셨습니다. 이것을 잊어서는 안 됩니다. 복음의 진수라고 하는 요한복음 3장 16절을 다시 한 번 생각해 보시기 바랍니다. "하나님이 세상을 이처럼 사랑하사 독생자를 주셨으니 이는 그를 믿는 자마다 멸망하지 아니하고 영생을 얻게 하려 하심이라." 하나님은 예수 그리스도를 이 땅에 보내셨습니다. 그리고 예수님이 이 땅에 오셔서 우리에게 영생을 선물로 주셨습니다. 그 영생을 소유함으로 하나님 나라의 백성이 됩니다. 만일 영생을 소유하지 않았다면 육신으로 살다가 그대로 멸망할 것입니다. 이것이 하나님의 뜻입니다.

성도 여러분, 그리스도인의 정체성은 오직 예수 그리스도 안에 있습니다. 예수님을 따라가고 예수님과 연합하며 예수님께 순종할 때 그 속에서 영적인 변화, 그리스도인의 변화된 삶이 나타납니다. 그런데 예수 그리스도 없는 삶, 예수 그리스도와 연합하지 않는 삶, 예수 그리스도를 따르지 않는 삶은 한마디로 아무것도 아닙니다. 그 사람을 그리스도인이라 말할 수 없습니다. 그러므로 예수님이 누구이시며 무슨 일을 하셨는지, 성경을 통해서 명확히 알아야 합니다. 여기에 그리스도인의 믿음과 소망이 있기 때문입니다.

오늘 성경 말씀에는 나타나 있지 않지만 원문에 가까운 영어 성경으로 보면 1절, 2절, 3절에 계속해서 반복되는 말씀이 있습니다. "We declare to you." "우리는 너희에게 선포한다. 우리는 교인들에게 선언을 한다." 세 번이나 기록하고 있습니다. 사도들의 선포입니다. 교회의 선포를 말합니다. 사도들과 교회는 오직 하나님의 뜻을 선포하고 증거했습니다. 자신의 생각과 소원을 말하는 것이 아닙니다. 인간의 계획과 뜻을 말하지도 않았습니다. 오직 하나님의 뜻과 계시만을 선포했습니다. 그것이 교회입니다. 그러나 오늘날 교회의 선포, 설교의 메시지를 들어보십시오. 하나님의 뜻을 선포하는 것 같으나, 다른 것들을 수없이 많이 더하고 있습니다. 세상의 온갖 문제를 지적하며 그 문제의 해결책을 나름대로 말하지만, 알고 보면 다 세상에서 말하는 지식이고 자신의 생각이며 소원입니다. 그것은 교회의 선포가 아닙니다. 잘못된 메시지입니다.

오늘날을 한번 생각해 보십시오. 예를 들어, 대통령을 세우거나 끌어내리는 일을 하나님께서 설교자에게 말씀하셨고, 그래서 이것이 하나님의 뜻이고 성령의 역사라고 선포하는 것이 말이 됩니까? 대통령을 좋아하든 싫어하든 이런 것은 교회의 메시지가 아닙니다. 이것은 교회의 타락입니다. 더 나아가 코로나 바이러스도 교회 안에서는, 기도하는 하나님의 자녀는 걸리지 않는다고 주장하는데, 도대체 언제 예수님께서 그렇게 말씀하셨단 말입니까? 이것은 인간의 기대입니다. 사람을 선동하는 잘못된 메시지입니다. 하나님을 우상화하고 하나님을 거역하는 무서운 죄입니다. 이것을 분별해야 합니다. 선포의 메시지는 오직 하나입니다. 예수 그리스도입니다. 신약성경이 그것을 말해 주고 있습니다. 성경 전체가 그것을 증거하고 있습니다. 예수님께서 구약성경을 가리키며 "나를 증거하는 것이다"라고 말씀하십니다. 예수 그리스도가 누구신지, 무슨 일을 하셨는지, 역사적 사건과 그의 말씀을 통해서 명백하게 기록하고 있습니다.

영생을 주시기 위해 이 땅에 오신 예수님

오늘날 설교는 오직 복음만을 전해야 합니다. 예수 그리스도와 하나님 나라만 전해야 합니다. 그것이 하나님의 해결책이기 때문입니다. 성도 여러분, 교회에 나와 예배드릴 때 예수 그리스도, 하나님의 뜻, 기록된 성경 말씀 외에 다른 것을 기대하지 말아야 합니다. 그것은 무서운 유혹입니다. 오직 그리스도의 복음을 갈망하고 내게 주신 하나님의 말씀이 무엇인가에 집중하시기 바랍니다.

1세기에 신약성경이 기록될 때, 상황은 더 나빴습니다. 정치, 사회, 교육, 문화, 인권, 경제 모든 것이 최악의 상황이었습니다. 그러나 선지자와 사도, 교회는 오직 예수 그리스도를 선포했습니다. 예수 그리스도 안에 모든 해결책이 있기 때문입니다. 이것을 잊어서는 안 됩니다. 이 선포의 메시지는 사도들이 추상적으로 깨달은 것이 아닙니다. 그것은 명백한 역사적인 사건이었습니다. 그 사건 속에서 본인이 직접 경험한 것입니다. 예수님께서 역사 안에서 행하신 일을 눈으로 보았고 체험했기 때문에 그 복음을, 그 메시지를 선포하고 증거했습니다. 1절 말씀은 이렇게 기록합니다. "우리가 들은 바요 눈으로 본 바요 자세히 보고 우리의 손으로 만진 바라." 처음에 예수 그리스도에 관해서 들었습니다. 그러다가 직접 눈으로 보았습니다. 그런 후 더욱더 깊이 예수 그리스도께 빠집니다. 주목합니다. 더 나아가서 손으로 만졌습니다. 한마디로 사건을 체험했다는 뜻입니다. 삶 속에서 그리스도를 만났고 체험했다고 선포한 것입니다. 성경은 성육신하신 예수 그리스도, 십자가에 달려 죽으신 예수 그리스도, 부활하신 예수 그리스도, 수많은 그리스도의 사건들을 기록합니다. 그 명백한 사건을 통하여 하나님의 은혜와 진리가 나타나 있기 때문입니다.

성도 여러분, 그리스도인의 믿음이란 바로 여기에 있습니다. 역사적인 예수 그리스도, 십자가에 죽으셨으나 다시 사신 예수 그리스도, 이 사건에 대한 믿음입니다. 추상적인 것이 아닙니다. 나의 소원이나 신념이나 기대와 같은 것이 아닙니다. 오직 예수 그리스도 안에서만 온전한 믿음을 가지고 오늘을 살아갈 수 있습니다. 하나님의 사람 사도 바울은 갈라디아서 2장 20절에 이렇게 고백합니다. "내가 그리스도와 함께 십자가에 못 박혔나니 그런즉 이제는 내가 사는 것이 아니요 오직 내 안에 그리스도께서 사시는 것이라." 이것은 추상적인 고백이 아닙니다. 부활하신 그리스도를 만났고 그의 말씀에 붙들렸기 때문에, 그의 복음에 사로잡혔기 때문에 '내 안에 그리스도께서 살아 계십니다. 정말 그리스도가 내 안에 주가 되십니다.' 자기의 삶을 통해서 고백한 것입니다. 성도 여러분, 모든 그리스도인의 신앙고백은 바로 여기에 있습니다.

오늘 성경은 "태초부터 있는 생명의 말씀에 관하여는"으로 시작합니다. 누구를 말합니까? 예수 그리스도입니다. 지금 예수 그리스도가 누구이신지에 대해서 명백하게 생명의 말씀이라고 선포합니다. 사도행전 5장 20절에서도 주의 사자가 사도들에게 말합니다. "생명의 말씀을 다 백성에게 말하라." 곧 "오직 예수 그리스도만을 전하라." 이것이 하나님의 뜻입니다. 생명의 말씀이신 예수 그리스도를 깊이 생각하며 묵상하고 이 일의 증인으로 오늘을 살아야 합니다. 태초부터라는 말이 무슨 뜻입니까? 역사 이전, 천지창조 이전의 그때를 말합니다. 그때부터 있는 생명의 말씀, 곧 예수 그리스도를 증거하고 있습니다. 한번 생각해 보십시오. 이 세상에 수많은 종교 창시자들이 있어 신을 말하지만, 어느 누가 태초에 계신 하나님을 만났고 보았단 말입니까? 아무도 없습니다. 오직 한 분, 예수님입니다. 이것이 기독교의 선포입니다. '너희 종교들과는 차원이 다르다. 우리가 알고 믿는 예수님은 태초부터 계신 그분이시다. 그분만이 하나님을 보았고 하나님과 함께하셨기에 그분만이 하나님의 뜻을 온전히 계시하시며 그분 안에서 우리는 하나님을 만날 수 있다.' 이것이 우리의 믿음입니다.

요한복음 1장 1절에 이렇게 기록합니다. "태초에 말씀이 계시니라 … 이 말씀은 곧 하나님이시니라." 이어 14절에 말합니다. "말씀이 육신이 되어"(The Word became flesh). 이 생명의 말씀이, 태초부터 계신 말씀이 세상 속으로 들어와 인간이 되셨다는 것이 복음의 진수입니다. 잊어서는 안 됩니다. 생명의 말씀(The Word of Life), 영원한 생명을 말합니다. 인간이 알고 있는 육신의 생명이 아니라 태초부터 있는 영원한 생명, 그 생명이신 예수님을 우리에게 선언합니다. 완전히 새로운 생명입니다. 하나님이 사시는 생명, 영생입니다.

성도 여러분, 예수님께서 왜 이 땅에 오셨습니까? 성육신의 목적이 무엇입니까? 많은 그리스도인은 우리 죄를 사하기 위하여, 인류의 죄를 사하기 위하여 이 땅에 오셨다고 말합니다. 그 말이 옳지만, 그것에서 멈추면 예수님을 알지 못하는 것입니다. 성경은 많은 계시를 줍니다. 하나님과 화목하여 바른 관계를 맺고 하나님의 의를 선물로 받는 이 모든 사건의 궁극이 무엇입니까? 영생입니다. 새로운 영생을 주기 위하여 이 땅에 오셨습니다.

그래서 요한복음 3장 16절은 말합니다. "하나님이 세상을 이처럼 사랑하사 독생자를 주셨으니 이는 그를 믿는 자마다 멸망하지 않고 영생을 얻게 하려 하심이라." 이는 추상적인 얘기가 아닙니다. 실제 사건입니다. 이것을 믿는 사람이 그리스도인입니다. 그리스도인은 이 믿음 안에서 그리스도와 함께 오늘을 살아가게 됩니다. 중생, 거듭남 이것은 신비주의적인 것이나 심리적인 이야기가 아닙니다. 추상적인 깨달음이 아닙니다. 영생을 받은 사람을 말합니다. 이는 살아 계신 그리스도의 사건과 같이 자신들 안에 사건이 일어난 것입니다. 신비한 출생입니다. 구원에 이르는 믿음은 바로 이러한 믿음입니다.

이제 생각해 보십시오. 일상에서 영원한 생명인 예수 그리스도를 알며 그 영생을 소유한 사람으로 그 생명에 이끌려 오늘을 살아가십니까? 만일 아니라면, 지금 잘못된 믿음을 갖고 있는 것입니다. 예수님을 알지 못하는 것입니다. 예수님의 생애와 말씀, 십자가와 부활을 안다고 해도 정작 알아야 될 것, 곧 그 모든 사건은 영생을 주기 위한 것이므로 영생으로 오늘을 살지 못한다면 이는 잘못된 믿음이요, 잘못된 신앙생활입니다. 요한일서 2장 25절의 말씀입니다. "그가 우리에게 약속하신 것은 이것이니 곧 영원한 생명이니라."

예수님께서 수많은 약속을 하셨지만, 그 약속 중의 궁극은 영생이었습니다. 영원한 생명을 가진 사람만이 그 말씀을 이해하고 깨달을 수 있습니다. 요한일서 5장 13절의 말씀입니다. "내가 하나님의 아들의 이름을 믿는 너희에게 이것을 쓰는 것은 너희로 하여금 너희에게 영생이 있음을 알게 하려 함이라." 세상의 수많은 시련과 핍박 속에 초대교회 교인들조차도 자신들 안에 영생이 있는 걸 망각했습니다. 그래서 충만한 기쁨과 안식을 누리지 못합니다. 방황합니다. 다시 세상 방식을 좇아갑니다. 나이 많은 사도 요한은 성령 충만하여 다시 말합니다. '예수님을 기억하라. 부활하신 예수님, 살아 계신 예수님께 집중하라. 오직 예수 그리스도 안에서만 우리는 하나님의 자녀요, 천국 백성이다. 그가 우리에게 영생을 주셨다.' 다시 말씀하고 있습니다.

십자가의 복음과 영생을 소유한 사람

성도 여러분, 십자가의 복음은 바로 이것입니다. 추상적인 얘기가 아니라, 예수님께서 행하신 것을 말합니다. 십자가 안에서 십자가의 사역으로 우리에게 영생을 주셨습니다. 그리고 부활로 영생의 역사가 사실임을 증명하셨습니다. 이것을 알아야 합니다. 오늘도 많은 사람들이 그리스도를 안다 하며 성경 공부도 합니다. 하지만 다시 한 번 말씀드립니다. 영생을 소유했음을 체험하고 영생에 이끌려 살아가지 않는다면, 그리스도를 모르는 것입니다. 추상적으로, 지식으로만 아는 것입니다. 이것을 알아야 합니다. 영생 없이는 누구도 천국에 들어가지 못합니다. 거듭나거나 하나님과 바른 관계를 맺지 못하고 신령한 기쁨과 안식을 누리지도 못합니다. 단지 종교 생활을 할 뿐입니다. 그가 아무리 유명한 목사이고 신학자이며 많은 선행을 했어도 마찬가지입니다. 교회 봉사를 오래 한 직분자라도 영생을 소유하고 영생의 삶을 살지 않는다면 아직 하나님의 사람이 아닙니다.

그래서 요한은 이 기록을 통해서 험악한 세상이지만 충만한 기쁨이 있게 하는 비결로 직접 예수 그리스도를 전합니다. 세상 지식을 인용해서 이렇게 해야 기쁨이 있다고, 이렇게 모여야 된다고 말하지 않습니다. 오직 예수 그리스도를 말합니다. 기쁨이 없는 것은 예수 그리스도가 누군지를 몰라서 그런 것이라고 알려줍니다. 잘못된 그리스도의 지식과 잘못된 교회의 선포로 인해 기쁨과 안식을 잃고 살아간다며 애통하는 마음으로 다시 전합니다. 예수님이 누구시고, 영원한 생명으로 태초부터 계신 이 생명의 말씀이 무엇인지 기억하고 선포하며 증거하는 것입니다.

성도 여러분, 영생을 소유한 사람은 예수님과 항상 함께하며 예수님을 따르고 예수님께 순종합니다. 내 의지가 아닙니다. 잘 아시지 않습니까? 내 의지로는 안 됩니다. 예수님과 함께하며 예수님을 갈망하는 그 이유는 내 안에 영생이 있기 때문입니다. 영생의 역사로 오직 예수 그리스도와 그리스도의 복음에 집중하게 됩니다. 그래서 사도 바울은 에베소서 4장에서 말합니다. "옛 사람을 벗어 버리고 새 사람을 입으라." 이는 추상적인 얘기가 아닙니다. 육신의 생명으로 사는 것을 이제 버리고 영생으로 살라는 것입니다. 이것은 실제 상황, 사건을 말합니다. 또한 성경은 말합니다. "누구든지 그리스도 안에 있으면 새로운 피조물이라 이전 것은 지나갔으니 보라 새 것이 되었도다"(고후 5:17). 세례를 받고 교회에 출석하라는 이야기가 아닙니다. 이러한 종교적 요구가 아닙니다. '너희 안에 영생이 있느냐? 그러면 새로운 피조물이라. 너의 영원한 생명이 있느냐? 그 생명을 네가 오늘 확신을 갖고 살아가느냐? 너는 새 사람이다.' 이것을 선포하고 있는 것입니다.

하나님의 사람 아우구스티누스의 유명한 체험입니다. 어느 날 밤 기도하다가 잠깐 잠이 든 그가 예수님을 만났습니다. 예수님이 이렇게 말씀하셨습니다. "사랑하는 아들아, 너는 나에게 무엇을 원하느냐?" 아우구스티누스는 다음과 같은 유명한 말을 남겼습니다. "저는 아무것도 원하지 않습니다. 다만 주님을 원합니다. 주님만을 원할 뿐입니다." 영생의 역사입니다.

성도 여러분, 여러분은 누구입니까? 오늘 어떻게 살아가고 있습니까? 여러분은 진정 그리스도인입니까? 진정 천국 시민권을 가진 사람입니까? 어떻게 확신하십니까? 우리가 영생을 가졌느냐 아니냐, 영생에 이끌려 오늘을 살아가느냐 아니냐가 유일한 기준입니다. 더 이상 육신을 가졌으나 육신의 생명에 이끌리지 않고 영생을 주신 예수 그리스도를 바라보며 그 생명력을 체험하고 증거하면서 오늘을 살아가는 삶을 말합니다.

영생의 역사가 나타나는 삶

그렇다면 부흥은 무엇입니까? 자꾸만 교회의 성장을 이야기하는데, 그런 것이 아닙니다. 육신으로 살아가는 사람이 영생으로 사는 것을 믿고 확신하게 되면 이것이 부흥이요, 죽었다가 살아나는 것입니다. 진리가 무엇입니까? 진리를 깨닫고 진리를 추구한다면 이는 불신자의 삶입니다. 영생을 가진 사람은 이미 진리를 만났습니다. 영생이 진리를 알게 합니다. 교회가 무엇입니까? 바로 예수 그리스도를 선포하고 영생의 역사가 나타나는 곳입니다. 다른 무엇이 아닙니다. 기쁨과 안식입니다. 세상 사람들은 알 수도 없고 들어도 깨달을 수 없는 것입니다. 왜냐하면 영생이 없기 때문입니다. 십자가에 죽으심으로 우리에게 주신 영생이 우리 안에 있어야 그 생명력으로 하나님께서 주신 기쁨과 평강과 은혜를 비로소 체험하게 됩니다. 영생이 없으면 다 추상적인 것이 되고 맙니다.

성도 여러분, 인류에게 가장 필요한 것이 무엇입니까? 아직도 예수 그리스도를 생각하면서도 성공과 번영을 말씀하십니까? 소원 성취, 사회개혁, 건강과 같은 것입니까? 물론 중요한 것이지만 예수 그리스도 안에서 그런 것은 아무것도 아닙니다. 가장 필요한 것은 영생입니다. 예수 그리스도입니다. 영생이 없이는 육신의 존재로 살다가 죽습니다. 성경은 말합니다. "허탄한 인생이요, 허무한 인생이요, 그 결국은 멸망이니라."

이 세상에 가장 필요한 것은 하나님의 해결책인 복음입니다. 다시 한 번 생각해 보십시오. 내게 가장 필요한 것이 무엇입니까? 예수 그리스도와 영생입니다. 그렇다면 내가 사랑하는 사람에게, 부모와 형제와 사랑하는 이웃에게, 가장 필요한 것이 무엇입니까? 영생입니다. 영생을 알지 못해서 잘못된 인생을 살게 하실 것입니까? 더 나아가 내 원수에게 가장 필요한 것이 무엇입니까? 영생입니다. 그래서 때를 얻든지 못 얻든지 오직 영생의 복음, 그리스도의 복음만을 선포해야 합니다. 거기에 하나님의 역사가 임합니다. 오직 예수 그리스도 안에서 영생을 소유할 수 있으며 영생의 확신을 가질 수 있고 영생의 삶을 누릴 수 있습니다. 여기에 구원에 이르는 믿음이 있습니다. 성령이 이 믿음을 주시며 영생의 비밀을 알려주시고 이제 영생을 소유한 사람으로 하여금 예수 그리스도를 향하게 하십니다. 예수 그리스도와 연합하여 예수 그리스도를 따르게 하시며 세상에서 승리케 하십니다. 이는 추상적인 이야기가 아닙니다. 이 세상 속에서 체험되어야 하는 영적인 역사입니다. 그리스도인의 변화라는 것은 바로 여기에 있습니다. 세상 방식이 아닙니다. 하나님의 방식입니다. 복음과 성령의 역사로, 영생의 역사로 변화됩니다. 그래서 하나님께서 주신 신령한 복을 누리며 비로소 하나님과 함께하면서 하나님께 영광 돌리는 사람으로 변화되는 것입니다.

하나님의 사람 무디와 함께 미국 복음주의 운동을 주도한 심슨 목사의 Himself라는 시가 있습니다. 번역하면 "그분만을"이라는 제목의 시인데 귀를 열고 들어보시기 바랍니다.

"한때 축복을 원했지만 이제 주님을 원하네. 한때 느낌을 원했지만 이제 그분의 말씀을 원하네. 한때 선물을 원했지만 이제 선물을 주시는 그분을 원하네. 한때 병 나음을 원했지만 이제 오직 그분만을 원하네. 한때 힘들게 애썼지만 이제 온전히 신뢰하네. 한때 반쪽 구원이 있지만 이제 온전한 구원이네. 한때 끊임없이 붙잡았지만 이제 그분이 나를 붙드시네. 한때 정처 없이 표류했지만 이제 닻을 내렸네. 한때 바삐 계획을 세웠지만 이제 믿음의 기도를 드리네. 한때 불안해하며 염려했지만 이제 그분이 돌보시네. 한때 내가 원하는 것을 바랐지만 이제 그분이 말씀하시는 것을 바라네. 한때 끊임없이 요구했지만 이제 끊임없이 찬양하네. 한때 내 일을 했지만 이제 그분의 일을 하네. 한때 내가 그분을 이용하려 했지만 이제 그분이 나를 사용하시네. 한때 내가 힘을 갖기 원했지만 이제 전능하신 그분을 의지하네. 한때에 내 자신을 위해 노력했지만 이제 그분만을 위해 힘쓰네."

기도

전지전능하신 하나님, 육신에 속한 자로, 세상의 종으로 살아가
는 미천한 죄인을 오직 하나님의 은혜로 말미암아 주의 복음을
믿음으로 하나님의 자녀되게 하시고 주가 나의 주님이 되심으
로 영생을 소유한 자로 영생의 삶을 이 땅에서 살게 해주심에
진심으로 감사드립니다. 그러나 이 위대한 주의 복음을 망각하
며 예수 그리스도 밖에서 자행자지하여 영생의 삶을 살지 못하
고 영생의 안식과 기쁨을 누리지 못한 채 또다시 세상으로 돌아
가 세상 방식에 귀를 기울이며 이기적인 탐심과 욕망에 이끌려
살아갈 수밖에 없는 나약하고 미천한 죄인을 용서하여 주옵소
서. 성령이시여, 예수 그리스도를 아는 지식의 충만함에 이르게
하시사 영생의 삶이 내 안에 시작됐고 영생의 확신 속에 영생의
생명에 이끌리어 주와 동행하며 이 세대와 불신자를 향하여 위
대한 예수 그리스도의 복음을 증거하며 하나님께 영광 돌리는
승리의 삶을 살아갈 수 있도록 함께하여 주옵소서. 주 예수 그
리스도의 이름으로 간절히 기도드리옵나이다. 아멘.

03

성도의 교제

태초부터 있는 생명의 말씀에 관하여는 우리가 들은 바요 눈으로 본 바요 자세히 보고 우리의 손으로 만진 바라 이 생명이 나타내신 바 된지라 이 영원한 생명을 우리가 보았고 증언하여 너희에게 전하노니 이는 아버지와 함께 계시다가 우리에게 나타내신 바 된 이시니라 우리가 보고 들은 바를 너희에게도 전함은 너희로 우리와 사귐이 있게 하려 함이니 우리의 사귐은 아버지와 그의 아들 예수 그리스도와 더불어 누림이라 우리가 이것을 씀은 우리의 기쁨이 충만하게 하려 함이라 우리가 그에게서 듣고 너희에게 전하는 소식은 이것이니 곧 하나님은 빛이시라 그에게는 어둠이 조금도 없으시다는 것이니라

― 요한일서 1:1-5

03

성도의 교제

『톰 소여의 모험』을 쓴 미국 문학의 거장 마크 트웨인이 가족들과 함께 유럽을 여행하던 중에 있었던 일입니다. 당시 그는 기독교 신앙을 받아들이지 않는 불신자였습니다. 가족과 함께 영국에 도착하자, 영국 여왕과 많은 유명인사, 그리고 학자들이 크게 환영했습니다. 이어 프랑스와 독일에 도착했을 때에도 큰 환대를 받았습니다. 그 모습을 지켜본 다섯 살짜리 귀여운 딸이 마크 트웨인에게 말했습니다. "아빠, 아빠는 이렇게 여러 나라의 높은 사람들과 다 사귀었는데 하나님만 못 사귀었네요." 성도 여러분, 여러분은 일상에서 하나님과 동행하고 교제하며 오늘을 살아가고 계십니까? 깊이 생각해 보시기 바랍니다.

하나님이 창조하신 인격적인 존재

2015년 3월 영국의 대표적 대중매체인 이코노미스트지는 '포노 사피엔스(Phono Sapiens)의 시대가 도래했다'라는 표지기사로 '스마트폰 행성'이라는 내용의 기사를 게재했습니다. 스마트폰 없이 살 수 없는 새로운 인류 문명의 시대가 도래했고, 디지털 문명을 이용하는 신인류 포노 사피엔스가 등장했다는 것입니다. 지혜 있는 인간이라는 의미의 '호모 사피엔스'에 빗대서 지혜 있는 전화기를 쓰는 인간을 '포노 사피엔스'라고 말합니다. 그러면서 스마트폰이 인간의 삶에 엄청난 영향을 끼치며 삶의 형태를 바꿀 것이라고 지적합니다.

현재 대다수 인구가 스마트폰에 의존하는 삶을 살고 있고 그래서 스마트폰 사용자의 80%가 기상 후 15분 이내에 스마트폰을 확인합니다. 그리고 일상에서 스마트폰이 없으면 불안해하며 살아갑니다. 이것이 오늘날 현대인의 모습입니다. 하나님보다 스마트폰을 더 좋아합니다. 이처럼 하나님을 의지하지 않고, 실제 삶에서 스마트폰에 의존하며 살아가는 인간의 모습을 성경에 비추어서 한번 생각해 보시기 바랍니다.

성도 여러분, 인간은 인격을 가진 존재입니다. 그래서 인격과 인격이 만나고 교제하며 성장하고 성숙하면서 삶의 의미와 기쁨을 발견하고 누립니다. 오직 인간만이 인격의 존재로 창조되었습니다. 동물에게는 영혼이 없고, 온전한 인격이 없습니다. 인격의 하나님께서 하나님의 형상대로 인간을 인격체로 창조하셨다는 것을 항상 기억해야 합니다.

성경 최초의 사건이 일어나는 에덴동산을 생각해 보십시오. 에덴을 낙원이라고 지칭합니다. 왜 낙원입니까? 좋은 환경 때문만이 아닙니다. 그곳에는 진정한 인격적 교제가 충만히 나타났기 때문입니다. 먼저는 하나님과 교제가 있었습니다. 하나님 중심의 삶을 살며 하나님을 의존했습니다. 하나님과 대화하며 하나님을 기뻐하면서 살았던 곳입니다. 그 결과 하나님 앞에서 인간이 서로 사랑하며 인격적 관계를 맺었습니다. 그러나 죄로 말미암은 불신앙의 사건으로 이러한 인격적 관계가 깨졌습니다. 대신 두려움과 절망과 불안, 고통과 불신 속에서 살아갑니다. 그곳에는 진정한 교제가 없습니다. 이것이 세상입니다. 이것이 성경의 메시지입니다.

오늘날 과학기술 문명이 놀랍게 발전했습니다. 이런 변화가 인류의 행복을 위하는 것이라고 하지만, 사실은 인격적 관계와 만남이 실종되고 있다는 것을 인지해야 합니다. 스마트폰의 활

용으로 더 나은 세상으로 가는 것 같지만 그 속에는 만남과 교제가 상실되고 있음을 알아야 합니다. 인간이 점점 비인격화되는 시대를 살고 있습니다.

어느 가정에서 아내가 남편의 눈을 바라보며 조용히 속삭였습니다. "여보, 당신은 내게 로또 같은 사람이에요." "그래?" 남편이 좋은 말로 알고 대꾸하자, 아내가 웃으며 말했습니다. "응, 하나도 안 맞아."

성도 여러분, 어떻게 해야 진정한 교제를, 진정한 만남을 회복하며 오늘을 살아갈 수 있습니까? 진정한 교제를 위해서 간단한 몇 가지 전제조건이 있다는 것을 쉽게 알 수 있습니다. 먼저, 사람과 사람 사이에 장벽이 없어야 합니다. 의심과 불신이 없어야 합니다. 원한과 정죄도 없어야 합니다. 다른 사람을 미워하고 의심하는데 어떻게 진정한 교제를 가질 수 있습니까? 그 장벽이 깨져야 합니다. 또 하나는 공통점이 있어야 합니다. 공통점이 없으면 대화가 안 됩니다. 서로 지향하는 공통점이 많으면 많을수록 함께할 수 있고 교제할 수 있게 됩니다. 그리고 무엇보다 중요한 것은 서로 사랑하는 것입니다. 사랑하지 않으면 교제할 수 없습니다. 사랑하고 신뢰하며 서로 존중하면서 함께 있어야 합니다. 이 세상에는 인간과 인간, 인간과 하나님 사이에 엄청난 장벽이 있다는 것을 항상 인식해야 합니다.

그리고 서로 이기적인 탐심과 욕망으로 살다 보니 공통점이 상실됩니다. 더 나아가서는 사랑이 없습니다. 이런 곳에는 진정한 교제가 존재하지 않습니다.

이러한 세상에 복음이 선포되었습니다. 하나님의 복음이, 그리스도의 복음이 선포됩니다. 바로 여기에 복음의 긴급성과 절박성과 필요성이 있습니다. 오직 예수 그리스도 안에서만 진정한 교제와 만남이 가능해졌다는 것을 선포합니다. 오직 예수 그리스도 안에서만 그 높은 장벽이 없어지고 서로 간에 공통점이 명확해지며 사랑하는 관계가 회복됩니다. 그래서 오직 복음 안에서만 진정한 만남과 교제의 길이 열리게 됩니다.

이 세상에 가장 필요한 것이 무엇입니까? 이처럼 비인격화된 시대에 가장 절실하게 필요한 것은 복음입니다. 왜냐하면 복음 안에서만 하나님과 교제할 수 있고 만날 수 있으며 서로 사랑하고 교제하는 에덴 낙원이 이루어지기 때문입니다.

예수 그리스도 안에서 성도의 교제

본문 3절 말씀에 "우리와 사귐"이라는 하나님의 말씀이 기록되어 있습니다. 영어로는 'our fellowship'인데, 직역하면 '우리의 교제'로 성도의 교제를 의미합니다. 여기서 '우리'는

'교회의 구성원'을 말합니다. 그러므로 성도의 교제는 성경의 대주제이며 교리임을 분명히 알아야 합니다. 3절에 이렇게 기록하고 있습니다. "우리가 보고 들은 바를 너희에게도 전함은 너희로 우리와 사귐이 있게 하려 함이니 우리의 사귐은 아버지와 그의 아들 예수 그리스도와 더불어 누림이라." 한마디로 성도의 교제는 무엇입니까? 예수 그리스도 안에서 하나님과 교제함이라고 선포하고 있습니다.

한글 성경에서는 분명히 나타나 있지 않지만, 원문과 영어 성경을 보면 이렇게 기록됩니다. "truly our fellowship." 직역하면 '진정한 우리의 교제', 곧 '진정한 하나님과의 교제'입니다. 성도 여러분, 이것은 추상적인 이야기가 아닙니다. 진정한 하나님과의 교제는 그리스도를 체험하며 경험하는 것입니다. 그러므로 세상 사람은 전혀 알 수 없고 누릴 수도 없으며 체험할 수도 없습니다. 오직 하나님의 자녀만 이 시대에 이 세상에서 누릴 수 있는 경험이라는 것을 분명히 알아야 합니다. 성도 여러분, 이 고귀한 경험을 가지고 오늘을 살아가십니까?

구원의 목적은 죄사함이나 칭의에 있는 것이 아닙니다. 또는 전도나 선교에 있는 것도 아닙니다. 하나님의 일을 하는 것에 있는 것이 아닙니다. 구원의 목적은 하나님과 교제함에 있다는 사실을 잊어서는 안 됩니다. 하나님과 동행하며 교제하게 하시려고, 그 길을 열기 위해서 주께서 이 땅에 오셨습니다. 예수 그리스도 안에서만 하나님과 교제할 수 있는 길이 열리게 됩니다. 이 말씀 안에서 생각해 보십시오. 누가 그리스도인이고 또 누가 비그리스도인입니까? 누가 거듭난 사람이고 또 누가 종교인입니까? 이것이 대답입니다. 예수 그리스도 안에서 하나님과 교제하며 오늘을 살아가는 사람, 그 사람이 구원받은 자요, 천국 시민권을 가진 하나님의 사람입니다.

예수님께서 십자가 위에서 행하신 일이 바로 이것입니다. 십자가의 복음으로 말미암아 새로운 길이 열렸습니다. 하나님과 만나고 교제할 수 있는 인생이 열렸습니다. 오늘날 예수 믿고 소원 성취한다거나, 세상을 개혁하고 개선한다거나, 부와 건강과 성공을 얻는다는 것은 복음이 아닙니다. 복음의 선포는 하나님과 교제하는 새로운 인류가 나타났고, 그 가능성이 열렸다는 것을 선포한 것입니다. 그러므로 오직 예수 그리스도 안에서 하나님의 은혜로 말미암아 믿음으로 하나님과 교제할 수 있습니다. 예수님이 이 땅에 오시기 전에는 이런 길이 없었습니다. 하나님께 가까이 갈 수 없었고, 가까이 가기를 소원하나 경험할 수 없었습니다. 세상의 종교를 생각해 보십시오. 모든 종교는 신과의 만남, 신을 가까이하는 나름대로의 진리를 제시합니다. 큰 노력과 희생과 고통, 고행과 선행을 하도록 요구합니다. 그러나 신의 기준에 아무도 미치지 못합니다. 그래서 허무합니다. 그리고 실제 신과 교제를 체험할 수 없습니다. 그러나 기독교는 차원이 다릅니다.

성도 여러분, 성도들 간의 교제와 성도의 교제를 구별해야 합니다. 이것을 같이 묶어 성도의 교제에 대한 잘못된 오해와 왜곡이 생겼고 잘못된 신앙생활을 하게 만듭니다. 성경에는 성도의 교제가 먼저입니다. 오늘 본문은 성도의 교제를 말하고 있습니다. 'our fellowship', 그것은 예수 그리스도 안에서 하나님과 교제하는 것을 말합니다. 이것을 구별해야 합니다.

교회는 세 가지 기능이 있습니다. 이는 성경적입니다. 케리그마(kerygma), 디아코니아(diakonia), 코이노니아(koinonia)입니다. 케리그마는 복음의 선포입니다. 그런데 오늘날 복음이 실종되었습니다. 디아코니아는 봉사입니다. 하나님께 헌신하고 하나님의 일에 힘쓰는 것인데, 점점 미약해져 갑니다. 코이노니아는 교제입니다. 그런데 이것이 왜곡되어 주로 성도 사이의 인간적인 교제를 강조하려고 합니다. 잘못된 것입니다. 성경은 성도의 교제에 대하여 예수 그리스도 안에서 하나님과의 사귐이라고 명백히 선포하고 있습니다.

교회의 본질은 하나님과 교제하는 것입니다. 거듭난 그리스도인의 삶의 특징은 하나님과 교제하는 것입니다. 그 결과 성도의 교제가 하나님의 뜻에 합당하고 아름답게 열리게 됩니다. 이 우선순위가 뒤바뀌기에 교회의 위기가 나타난 것입니다. 그렇다면 어떻게 해야 하나님과 교제합니까? 하나님은 인격의 하나님이시기에 인간과 인간 사이의 교제와 같은 방식으로 일하십니다. 장벽이 없어야 합니다. 명백한 공통점이 있어야 합니다. 그리고 서로 사랑해야 합니다. 무엇보다도 교제하는 그 인격체가 서로 간에 지식이 있어야 합니다. 친구 또는 사랑하는 사람끼리 서로에 대한 지식이 있어야 하며, 서로를 알아가야 교제가 깊어지고 진정한 교제로 발전하게 됩니다. 그러나 지식이 없으면 무지해서 상처를 주고 교제가 깨집니다.

성도 여러분, 생각해 보십시오. 하나님이 인간을 아시는 데는 전혀 문제가 안 됩니다. 창조주시요 전지전능하신 하나님이시기에 인간을 너무도 잘 아십니다. 쉬운 예로 내가 나를 아는 것보다 하나님께서 훨씬 더 명확하게 아십니다. 문제는 어디에 있는 겁니까? 인간이 하나님을 알지 못하는 데 있습니다. 하나님에 대해 무지하니까 바른 교제를 가질 수 없는 것입니다. 교제가 깨졌습니다. 이것이 성경의 선포입니다. 하나님과의 교제는 인간의 방식으로 되는 것이 아닙니다. 하나님과의 교제는 항상 하나님의 방식으로 된다는 사실을 기억해야 합니다. 진정한 교제란 하나님으로부터 시작되어야 합니다. 왜냐하면 하나님이 우리를 먼저 사랑하셨고 하나님이 우리를 찾아오셨으며 하나님이 우리를 용서하시므로 시작된 새로운 교제이기 때문입니다.

하나님을 아는 지식과 하나님과의 교제

세상의 종교란 인간의 방식으로 신과 교제하자는 것입니다. 거기에는 답이 없습니다. 불행하게도 기독교 안에도 인간의 방식인 인본주의가 가득 차 있습니다. 대표적인 것이 신비주의입니다. 역사적으로 보면 수도원 운동이 여기에 해당합니다. 하나님께 더 가까이 가기 위해서, 하나님과 친밀한 교제를 가지기 위해서 은둔 생활을 합니다. 이는 성경 진리를 역행하는 것입니다. 세상의 빛과 소금이 되어야 하는데, 세상을 떠나서 나홀로의 방식으로 하나님께 가까이 가려는 종교적 행위입니다. 이것을 분별해야 합니다. 여기에 속으면 안 됩니다.

또 하나 두드러진 현상은 주관주의입니다. 주관적 체험입니다. 이런 사람은 대부분 이렇게 말합니다. '성령께서 오늘 내게 말씀하셨다.' 직통 계시를 받았다고 합니다. 그런데 그런 것이 아니라고 할 수도 없고 그렇다고 할 수도 없습니다. 분명한 것은 객관적 진리가 결여되었습니다. 복음이 없습니다. 그것은 나만의 방식입니다. 이것이 교회와 기독교를 어지럽힙니다. 이것은 인본주의이며 인간의 방식입니다. 이 안에서는 하나님과 진정한 교제를 가질 수가 없습니다.

그래서 성경은 오늘 명백하게 선포합니다. "하나님은 빛이시라." 빛이신 하나님과 교제해야 합니다. 하나님을 아는 지식이 없으면 잘못된 종교 생활을 하고 맙니다. 하나님의 속성은, 하나님의 성품은 빛이십니다. 무엇을 말합니까? 거룩하신 하나님을 선포하는 것입니다. 5절에서 명확하게 선언합니다. "우리가 그에게서 듣고 너희에게 전하는 소식은 이것이니 곧 하나님은 빛이시라 그에게는 어둠이 조금도 없으시다는 것이니라." 어둠을 가진 존재는 빛을 만날 수 없습니다. 교제할 수 없습니다. 그러니 죄인인 인간이 어떻게 인간의 방식으로 빛에 다가갈 수 있단 말입니까? 다가갈 수 없음을 명확하게 선포합니다.

하나님과의 교제를 위해서 가장 먼저 선포된 계시는 거룩하신 하나님입니다. 이것이 복음입니다. 성경 전체의 주제입니다. 거룩하신 하나님을 항상 기억하십시오. 이것이 교제의 시작입니다. 본문 말씀을 다시 한 번 생각해 보십시오. 우리가 아는 대로 사랑의 하나님, 긍휼의 하나님, 용서의 하나님, 복 주신 하나님을 말씀합니다. 우리가 교제하는 하나님의 본질, 그분의 계시는 거룩하신 하나님과의 교제를 말합니다. 잘못된 신앙 생활을 하면 사랑의 하나님, 복 주시는 하나님에게만 매달리게 됩니다. 하나님과 교제를 가질 수가 없습니다. 주관적 체험으로 끝나고 맙니다.

복음의 방식, 하나님과 교제함에 있어서 하나님의 방식은 이렇게 명령합니다. 먼저 하나님만을 바라보라고 합니다. 창조주이시며 믿음의 대상인 하나님만을 바라보라고 하는데, 이것이 시작입니다. 예수님께서 이 땅에 오셨습니다. 오직 우리와 함께하시기 위해 오신 예수 그리스도의 성육신이 하나님의 방식입니다. 십자가, 부활 승천, 오직 예수 그리스도만을 바라볼 때 하나님께 나갈 수 있습니다. 오직 하나님이 먼저입니다. 그런데 인간은 나부터 바라봅니다. 그러면서 세상부터 해결하라고 합니다. 여기에는 하나님께 나아가는 길이 없습니다. 모든 종교는 인간과 세상으로부터 시작하지만, 거기에는 진정한 신과의 교제, 하나님과의 만남이 없다는 사실을 명백히 알아야 합니다.

복음의 방식은 하나님의 뜻을 먼저 알아야 합니다. 하나님의 성품을 알고, 하나님의 구원을 알고, 하나님의 말씀을 먼저 알아야 합니다. 오늘 성경은 선포합니다. 성경에 수많은 하나님을 아는 지식이 있지만 가장 우선적인 것이 있습니다. "하나님은 빛이시라." 성도의 교제는 거룩하신 하나님과의 교제입니다. 어둠의 존재는, 죄의 속성을 가진 죄인인 존재는 자기의 힘으로 하나님을 만날 수 없다고 선언을 한 것입니다.

십자가에 나타난 하나님의 사랑

성도 여러분, 십자가에 나타난 사랑이 무엇입니까? 항상 거룩하신 하나님의 사랑을 기억해야 합니다. 그렇지 않으면 십자가를 이해하지 못합니다. 십자가는 예수 그리스도의 피 흘림이요, 죽으심입니다. 사랑의 하나님께서 왜 아들을 죽이고 피 흘리셨습니까? 도무지 이해가 안 됩니다. 거룩하신 하나님, 그 하나님의 역사로만 사건이 전적으로 이해됩니다. '아, 죄의 심판이구나. 인류의 죄를 대속하기 위하여 죄 값은 사망이라는 그 말씀이 이루어지는구나. 하나님의 진노가 그 안에 나타났구나.'

사랑의 하나님으로는 성경 자체가 이해가 안 됩니다. 임의로 말을 맞춘 것 같습니다. 성경에 수많은 전쟁과 재난과 기근, 질병과 고통이 있습니다. 하지만 사랑의 하나님은 그러면 안 되시는 것 아닙니까? 그래서 오직 거룩하신 하나님으로부터 성경 말씀이 이해되고 받아들여집니다. 우리는 거룩하신 하나님과 교제하도록 부름을 받고 새로워진 하나님의 사람임을 항상 인식해야 합니다. 그러므로 오직 예수 그리스도 안에서 하나님의 은혜로 말미암아 믿음으로 하나님과 교제가 가능해졌습니다. 위대하고 거룩하신 하나님과의 교제가 가능해졌습니다. 얼마나 굉장한 사실입니까? 여기에 그리스도인의 체험이 있습니다. 그리스도인의 인생은 바로 이런 것입니다. 추상적인 이야기가 아닙니다.

그래서 사도 요한은 수없이 반복합니다. 우리가 보았고, 만졌고, 주목했다고 말합니다. 곧 그리스도인의 체험을 말합니다. 거룩하신 하나님과의 교제를 통해서 우리는 영생을 가진 사람임이 증명되었습니다. 성경이 그 증거입니다. 이것은 새로운 인생의 시작이고, 오직 하나님과 교제함으로써 우리 안에 신령한 기쁨과 안식이 나타나기 시작합니다. 하나님이 주신 신령한 복을 누리는 삶이 그 안에 있습니다. 그러면서 나 같은 죄인으로 하나님과 교제하게 하신 그리스도의 복음을, 하나님의 역사를 찬양하며 선포하고 있습니다.

저명한 심리학자인 빅터 프랭크는 2차 세계대전 중 독일의 강제수용소인 아우슈비츠에서 살아남은 사람입니다. 그때의 체험담입니다. 수용소에서 유대인들은 병으로 죽어가고, 날마다 차례를 기다리며 가스실로 가는, 죽음의 날을 기다리는 아주 험악한 시간을 보내고 있었습니다. 그도 영양실조로 몸이 쇠약해져서 언제 가스실로 끌려갈지 모르는 그런 상태에 있었습니다. 그는 체포 당시 뿔뿔이 헤어져서 어디로 간지도 모르는 아내를 생각하기 시작했습니다. 남자인 자신도 이런 극심한 고통과 노동을 견디기 힘든데, 여인의 몸으로 이 수치스럽고 험악한 일을 다 경험해야 하는 사랑하는 아내를 생각하니 가슴이 미어졌습니다. 그래서 아내를 생각하며 위해서 항상 기도했습니다. 그런데 그때마다 이상하게 자신도 고통을 극복할 수 있었고, 약한 몸을 일으켜 노동을 감당할 힘을 얻는 체험을 하게 되었습니다. 그때의 기억을 떠올리며 그는 이렇게 말합니다. "누구든지 좋으니 그대가 사랑하고 있는 사람의 이름을 마음속으로 부르며 그 사람과 함께 고통을 나누며 살아보라. 그대는 예상치도 못했던 힘이 어디선가 솟아나는 것을 발견할 것이다."

성도 여러분, 그리스도인의 인생이란 오직 예수 그리스도 안에서 하나님과 교제함으로 그 안에서 새로운 힘과 용기를 얻고 지혜와 능력을 얻어 기쁨과 안식을 누리는 삶임을 잊어서는 안 됩니다. 성령의 역사는 바로 여기에 있습니다. 사도 요한이 노년에 험악한 인생을 살며 자신의 체험적 신앙을 선언하고 고백합니다. '성도들이여, 우리는 영생을 소유한 자다. 주께서 우리에게 영생을 주시기 위해서 이 땅에 오신 것이다. 우리는 새로운 생명을 갖고 오늘을 살아간다. 그 영생이 우리를 예수 그리스도께 인도할 것이며 주 안에서 하나님과 교제하는 삶을 살게 하고 있다. 이를 잊어서는 안 된다. 이것은 추상적인 이야기가 아니라 삶의 체험이다. 나의 삶의 체험이다. 하나님과 교제할 때 우리 안에 새로운 인생이 시작되는 것이다. 신령한 기쁨과 안식과 만족을 누리며 하나님과 동행하는 삶을 살아갈 수 있다. 이 복음을 기억하라.'

성경에 보면 하나님과 동행했던 에녹이라는 인물이 있습니다. 그는 하나님과 함께 교제함으로 하나님과 대화하고 기도하였으며, 순종함으로 기쁨과 은혜와 안식으로 충만한 삶을 누렸습니다. 그래서 죽음의 고통 없이 직접 천국으로 갔습니다. 얼마나 놀라운 역사입니까?

성도 여러분, 예수님께서 보여주신 삶과 복음이 바로 이것입니다. 예수님은 처음부터 끝까지 하나님과 교제했습니다. 하나님과 함께했습니다. 하나님의 은혜와 진리가 충만했습니다. 하나님의 역사에 대한 확신이 있었습니다. 그 믿음의 교제로 승리하신 분입니다. 그래서 그리스도인은 날마다 하나님과 교제하며 살아가는지 질문하고 자신을 체크해야 합니다. '나는 예수 그리스도 안에서 하나님과 교제하는 사람인가? 진정으로 하나님과 교제하며 오늘을 살아가는가? 단지 추상적으로 죄사함의 은총에 만족하고 하나님께서 내게 의를 주신 것과 예수님의 생애를 기억하고 그러한 고백으로 살다가 다시 원망과 불평과 두려움과 절망 중에서 하나님이 주신 은총을 누리지도 못한 채 옛사람의 본성에 이끌려 살아가는가?'

그리고 매일매일 질문해야 합니다. '나는 진정으로 참 교제를 하나님과 누리고 있는가? 나는 정말 영생의 사람으로 예수 그리스도와 연합하여 그리스도를 아는 지식의 충만함에 이르러 하나님의 뜻을 분별하며 복음의 증인으로 오늘을 살아가는가? 나는 오늘 하나님의 나라와 하나님의 의를 먼저 구하는 삶을 통하여 하나님과 함께하는 삶을 살아가고 있는가?'

전지전능하신 은혜의 하나님, 하나님의 진노 아래 멸망으로 치
닫고 있는 이러한 죄인을 오직 주의 복음을 듣고 믿음으로 하나
님의 자녀되게 하시어 그 은혜에 붙들리어 영생을 소유한 자로
영생의 삶을 살아 하나님과 교제하는 위대한 인생을 시작하게
하심을 진심으로 감사드립니다. 그러나 세상 풍조에 휩쓸리고
또다시 인간적인 방식에 매여서 하나님과의 교제를 추상화하며
복음을 추상화하여 말씀의 지혜와 능력을 체험하지 못한 채 또
다시 원망과 불평과 근심과 두려움과 낙심 중에 살아가는 미련
한 죄인을 용서하여 주옵소서. 성령이시여, 주의 말씀이 살아
역사하심을 믿사오니, 그 말씀의 지혜와 능력과 영광이 내게 사
건으로 임하여 이제는 하나님과 진정한 교제를 누리며 예수 그
리스도 안에서 하나님의 은혜와 사랑을 인식하며 하나님과 기
도하고 대화하며 하나님을 만날 그 날을 향하여 가는 성도의 삶
을 회복하도록 지켜주옵소서. 우리 주 예수 그리스도의 이름으
로 간절히 기도드리옵나이다. 아멘.

04

빛 가운데
행하라

우리가 그에게서 듣고 너희에게 전하는 소식은 이것이니 곧 하나님은 빛이시라 그에게는 어둠이 조금도 없으시다는 것이니라 만일 우리가 하나님과 사귐이 있다 하고 어둠에 행하면 거짓말을 하고 진리를 행하지 아니함이거니와 그가 빛 가운데 계신 것 같이 우리도 빛 가운데 행하면 우리가 서로 사귐이 있고 그 아들 예수의 피가 우리를 모든 죄에서 깨끗하게 하실 것이요 만일 우리가 죄가 없다고 말하면 스스로 속이고 또 진리가 우리 속에 있지 아니할 것이요 만일 우리가 우리 죄를 자백하면 그는 미쁘시고 의로우사 우리 죄를 사하시며 우리를 모든 불의에서 깨끗하게 하실 것이요 만일 우리가 범죄하지 아니하였다 하면 하나님을 거짓말하는 이로 만드는 것이니 또한 그의 말씀이 우리 속에 있지 아니하니라

– 요한일서 1:5-10

04

빛 가운데 행하라

    오래 전 일입니다. 미국 노스캐롤라이나에서 한 젊은이가 말을 훔친 죄로 재판을 받게 되었습니다. 이 젊은이의 부모는 대단한 재력가였기에 아무리 불리한 사건이라도 의뢰인에게 유리하게 변론하는 유능한 변호사에게 의뢰했습니다. 중형을 받을 뻔했던 이 젊은이는 변호사의 강력한 변호 덕분에 무죄로 풀려나게 됩니다. 무죄가 확정된 날, 젊은이와 함께 나오던 변호사가 은밀하게 물었습니다. "여보게, 이렇게 풀려나오긴 했지만 자네가 말을 훔친 거 맞지? 분명하지? 내게 솔직히 얘기해 보게." 변호사의 질문에 젊은이는 자신 있게 이렇게 대답했다고 합니다. "아닙니다. 변호사님이 법정에서 저를 변호하시는 것을 듣고 나니 제가 말을 훔치지 않았다는 확신이 생겼습니다."

죄의 문제를 안타까워하신 예수님

성도 여러분, 세상의 모든 지식은 죄를 정당화하고 추상화하며 합리화한다는 사실을 기억해야 합니다. 철학, 심리학, 인문학, 과학 그리고 모든 지식은 죄를 정의하지 않습니다. 죄의 본성이 무엇인지, 죄의 권능이 무엇인지, 죄의 결과가 무엇인지를 말하지 않습니다. 그러므로 세상은 죄에 대하여 무지합니다. 죄의 상태를 알지 못합니다. 그래서 성경은 '세상은 어둠이다'라고 정의하며 선포합니다.

모든 인간은 신과 대화하며 교제하기를 원합니다. 그래서 신의 은총을 받아 복을 누리고 기쁨과 감사와 복된 인생으로 충만한 삶을 살기를 소원하며 살아갑니다. 그런데 불행하게도 그 신과의 관계가 단절돼 있고 교제할 수 없는 상태에 이르렀습니다. 이렇게 된 이유를 우리는 질문해야 하는데, 이에 대해 성경은 '죄'라고 답합니다. 그런데 세상은 이것을 알지 못하고, 이 문제를 해결하기 위해 나름의 인간적인 방식으로 수많은 종교들을 만들어냈습니다. 이것이 인류의 불행이요 비극입니다.

오늘의 시대를 보십시오. 과거에 비해서 점점 많은 용어가 새롭게 나타나고 있지만, 죄에 대한 용어는 사라지고 있습니다. 대신 과오, 실수, 잘못, 연약함, 무지라는 언어를 쓰고 있습니다. 이러한 흐름이 교회에 들어오고 더 나아가 교회 안에서 죄의 교리, 죄에 대한 설교를 듣기 싫어하는 지경에 이르게 되었습니다. 다시 말해서, 기독교 안에서도 죄를 정당화하고 추상화하며 합리화하고 있습니다. 이것은 불신앙입니다.

요한복음 11장에 나사로의 죽음에 관한 기사가 있습니다. 나사로의 죽음에 가족과 주변 사람들이 슬퍼서 웁니다. 이것을 보시고 예수님께서 비통한 마음에 불쌍히 여기셨다고 성경은 기록합니다. 그리고 예수님께서 눈물을 흘리십니다. 예수님께서 슬퍼하시며 우셨습니다. 여기서 생각해 보십시오. 다른 사람은 몰라도 예수님은 조금 있으면 무덤에서 죽은 나사로를 불러내어 살아나게 하실 것을 아십니다. 그런데 왜 우시는 것입니까? 이는 난센스입니다. 분명 잠시 후면 예수님이 그를 무덤에서 살려내실 텐데 그렇게 비통해하며 우실 이유가 없지 않습니까? 예수님이 왜 우셨습니까? 그것은 바로 죄 문제 때문입니다. 죄가 이 세상에 들어왔기 때문입니다. 죄의 삯은 사망으로, 사망의 권세 속에 공포와 절망과 두려움과 상실 속에서 슬퍼하는 저들을 보며 우신 것입니다. 더 큰 죄의 영역을 보며 애통해하면서 우셨다고 성경은 기록합니다.

성도 여러분, 구원받은 그리스도인은 착한 사람, 도덕적인 사람, 세상에서 성공한 사람과 같은 종류의 사람이 아닙니다. 구원받은 그리스도인이란 오직 하나님의 은혜로 말미암아 미천한 죄인이 죄의 권세로부터 벗어난 사람을 말합니다. 그리고 영생을 소유한 사람으로 하나님과 교제하며 오늘을 살아가는 사람을 뜻합니다. 그 결과 그리스도인은 비로소 죄의 권세를 알게 되었고 죄의 본성을 알게 되었습니다. 죄의 상태와 함께 죄의 해결책을 알게 되었습니다. 오직 예수 그리스도 안에서만 믿음으로 우리는 죄를 인식하고 분별하며 죄의 해결책을 알게 됩니다. 이것이 복음이고 성경의 선포입니다.

오래 전에 한 전도자가 어떤 도시에서 복음을 전하고 있었는데, 열정적으로 아주 간절히 죄와 그 결과에 대해 선포하며 회개를 촉구했습니다. 그런데 한 사람이 조롱하듯이 말했습니다. "죄의 무게가 도대체 얼마이기에 이렇게 말하는 거요? 백 파운드요? 오백 파운드요? 죄의 무게가 그렇게 크다는데 나는 전혀 느끼지 못하겠소. 죄의 무게라는 게 도대체 무엇을 말하는 거요?" 그때 전도자가 이렇게 대답했답니다. "죽은 사람 위에 백 파운드의 무게를 얹어 놓으면 그 무게를 느낄 수 있겠습니까? 그런고로 영적으로 죽은 사람은 아무리 큰 죄를 짊어지고 있어도 그 무게를 느낄 수 없는 것입니다."

성도 여러분, 이런 세상에 예수님께서 오셨습니다. 그리고 예수 그리스도를 믿음으로 비로소 죄에 대하여 깨닫게 되었습니다. 영적으로 깨닫게 되었습니다. 더 큰 세계를 보며 죄의 해결책을 가지고 주 안에서 자유인으로 살아가는 사람이 그리스도인이요, 하나님의 자녀입니다.

빛 가운데 행한다는 것

오늘 성경 7절을 보면 "그가 빛 가운데 계신 것 같이 우리도 빛 가운데 행하면"이라는 말씀이 있습니다. 하나님은 빛이시니, 하나님께서 빛 가운데 계신 것처럼 하나님의 자녀도 빛 가운데 행해야 한다는 말씀입니다. 빛 가운데 행하는 자녀만이 하나님과 교제하는 사람이요, 영생을 소유한 사람임을 우리에게 말씀해 줍니다. 한번 생각해 보십시오. 그리스도인으로서 우리 안에 충만한 기쁨이 있어야 하는데, 왜 이 기쁨이 사라진 것입니까? 성경의 답은 하나님과 교제하지 않고 바른 관계를 맺지 못하기 때문이라고 합니다. 그러면 왜 하나님과 교제를 하지 못합니까? 분명히 하나님을 늘 찬송하고 하나님의 일에 힘쓰고 있는데 말입니다. 이에 대해 성경은 말합니다. 빛 가운데 행하지 않아서, 다시 말해 어둠 속에 있기 때문이라고 말씀해 주십니다.

하나님과의 교제는 성경의 큰 주제인데, 내가 교제하겠다고 할 수 있는 것이 아닙니다. 그런다고 되는 것이 아닙니다. 이것은 구체적이고 실제적인 것으로 하나님과의 교제를 방해하는 가장 큰 것은 죄입니다. 어둠의 세상입니다. 성경은 이것을 계속해서 우리에게 말씀해 주고 있습니다.

마태복음 5장에 예수님께서 말씀하십니다. "너희는 세상의 빛이라." 세상에서 빛의 자녀로 살라고 말씀하십니다. 또한 에베소서 5장 8절에 "너희가 전에는 어둠이더니 이제는 주 안에서 빛이라 빛의 자녀들처럼 행하라"고 말씀합니다. 세상에서 빛의 자녀로 살아야 비로소 하나님과 함께하며 하나님의 은총을 누리고 하나님과의 만남이 있다고 이야기하는 것이 아닙니다. 그것은 종교입니다. 성경의 선포는 이것입니다. 하나님의 은혜로 말미암아 하나님의 자녀가 되어 영생을 소유했다는 것입니다. 그러므로 빛 가운데로 나가야 하고 이것이 마땅하다는 말씀입니다. 그리스도인의 삶을 일깨워 주는 말씀입니다.

모든 구원받은 천국 백성 안에는 영생이 있습니다. 이 영생은 하나님이 사시는 생명입니다. 새로운 차원의 생명입니다. 추상적인 것이 아닌, 실제 믿음으로 이 생명을 가지고 살아갑니다. 이 생명이 내 안에서 역사합니다. 나를 빛 가운데로 가게 합니다. 그러므로 이제 어둠에서 지낼 수가 없습니다. 잠시 잠깐은 몰라도, 그 상태에 머물 수는 없습니다. 그렇게 이미 변화된 것입니다. '빛 가운데 행하라. 이것이 마땅하다. 하나님이 빛이신 것처럼 하나님의 자녀는 빛 가운데 행하는 자녀.' 고귀한 말씀을 오늘 선포하고 있습니다.

성도 여러분, 빛 가운데 행하라는 것은 무슨 의미입니까? 정확한 의미를 알지 못하면 말씀을 왜곡하게 되고 복음이 추상화됩니다. 먼저 이 말씀을 문자적으로 해석하면 안 됩니다. 성경 전체의 말씀이 그렇습니다. 우리 모두는 죄인입니다. 구원받은 그리스도인들도 죄인입니다. 저도 죄인입니다. 누구라도 죄 없는 인생으로 살아갈 수 없습니다. 그래서 이 의미를 모르면 이 말씀 앞에 무너지게 됩니다. 또는 이 말씀을 추상적으로 생각하거나 위선자로 행동하게 됩니다.

세상에는 수많은 종교 창시자가 있었습니다. 세상은 그런 선각자들이 도덕적이고 훌륭한 인간의 본을 보여주었다고 말합니다. 그런데 그들 모두가 죄인입니다. 죄 중에 있었습니다. 복음의 빛 앞에서 보면 그들의 인생은 결국 어둠에서 살다가 어둠으로 끝납니다. 결코 빛 가운데 살지 못했습니다. 결국 하나님과 함께하는 삶을 살지 못했다는 것을 알아야 합니다. 이 말씀을 문자적으로 살펴보면, 역사에 이런 일이 많이 있습니다. 오늘날도 있습니다. 산이나 사막, 고요한 곳으로 들어가서 그곳에 수도원을 짓고 은둔 생활을 하면서 하나님과 교제하며 기도하면서 죄를 짓지 않겠다고 말합니다. 세상을 떠나서 하나님과 함께하는 삶을 살아간다고 말하며 외치지만 위선입니다. 그 안에서 죄짓고 살게 됩니다. 이것을 분명히 알아야 합니다. 그러므로 빛 가운데 행하라는 말씀은 성경 안에서 복음적 해석을 해야 합니다.

적어도 두 가지 차원에서 해석합니다. 먼저 성경 말씀이 그렇게 기록이 되어 있습니다. 소극적 차원에서 빛 가운데 행하라는 것은 어둠에 있지 않다는 것입니다. 어둠 가운데 행하지 않는다는 것을 의미합니다. 두 번째 적극적 해석은 예수 그리스도 안에서 예수님과 연합하여 예수님을 따라가며 예수님께 순종하는 하나님과 교제하는 삶을 의미합니다. 즉 이 빛 가운데 행한다는 것은 거대한 차원을 말합니다. 중심과 목적이 어디 있느냐, 우리의 가치관과 인생관과 진리관이 어디 있느냐를 묻습니다. 하나하나의 죄목을 말하는 것이 아닙니다. 우리 모두가 죄인이기 때문에 빛 가운데 행할 수가 없습니다.

대표적인 예는 하나님의 사람 다윗입니다. 그래서 다윗의 이야기는 매우 중요합니다. 하나님의 마음에 합한 다윗이지만,

그런 다윗의 죄가 성경에 자세히 기록됩니다. 그러면 이 사람은 어둠 속에 살았다는 것인데, 그러나 하나님이 보시기에 그는 빛 가운데 살았습니다. 그러므로 복음적 차원에서, 복음의 빛 아래에서 이 말씀을 깨닫고 영접해야 합니다. 그래서 소극적 차원에서 어둠에 관하여, 죄에 관하여 구체적으로 우리에게 말씀해 줍니다. 우리가 잘못 이해하고 잘못된 생각을 할 수 있기 때문입니다. 그런 일이 초대교회에 나타납니다.

율법과 복음에서 죄를 깨달아야 함

먼저 6절에 이렇게 말합니다. "만일 우리가 하나님과 사귐이 있다고 하고 어둠에 행하면 거짓말을 하고 진리를 행하지 아니함이거니와." 그렇다면 교회 안에서 직분을 가졌고 목회자이며 하나님의 일을 하니 자신은 하나님과 교제한다고 말할 수 있습니까? 그런데 성경은 어둠에 행하면 거짓말쟁이라고 말합니다. 하나님과 교제하는 것이 아니라고 말합니다. 세상은 어둠입니다. 그러므로 세상 중심의 삶을 살면서 하나님과 교제한다고 말하면 스스로 거짓말하는 것이라고 성경은 말합니다.

고린도후서 6장 14절의 말씀입니다. "빛과 어둠이 어찌 사귀며." 그렇습니다. 빛과 어둠은 공존하지만 사귈 수는 없습니다. 어둠 속에 빛이 들어오면 어둠이 없어집니다. 또한 어둠만이 있으면 그 안에 빛이 없습니다. 빛과 어둠은 사귈 수가 없습니다. 그러므로 세상 중심의 삶, 나 중심의 삶을 살면서 스스로 하나님과 교제한다고 말할 수 없습니다. 스스로 속이는 자가 되지 말라고 말씀해 주고 있습니다.

그리고 8절은 좀 더 깊은 차원에서 말합니다. "만일 우리가 죄가 없다고 말하면 스스로 속이고 또 진리가 우리 속에 있지 아니할 것이요." 회개했기 때문에 죄가 없고, 예수님이 십자가에 죽으셔서 죄 사함을 받았기 때문에 이제 죄를 짓지 않는다는 것은 거짓말하는 것입니다. 그 안에 진리가 없습니다. 다시 말해, 죄에 대하여 주변에 머무릅니다. 죄의 본성을 알지 못합니다. 인간은 뼛속까지 죄의 본성을 가지고 살아갈 수밖에 없는 육신을 소유하고 있습니다. 이 진리를 망각하고 지냅니다. 그래서 죄에 대해 무지했습니다. 그런데 그 결과가 무엇입니까? 죄를 합리화하고 추상화하며 정당화하니, 어느덧 죄의 종이 되어 버렸습니다. 그 상태를 알지 못한 채 자신은 하나님과 교제한다거나 하나님의 자녀라고 말하는 것은 거짓이라고 성경은 말합니다.

성도 여러분, 위대한 사도 바울을 기억하십시오. 그가 노년에 성령 충만하여 로마서 7장에 이렇게 기록합니다. "오호라

나는 곤고한 사람이로다 이 사망의 몸에서 누가 나를 건져내랴." 그가 이 죄의 권세에서 누가 나를 건져내겠느냐고 고백할 수 있었던 것은 성령께서 죄의 분별력을 주셨기 때문입니다. 그는 이렇게 말했습니다. "내 지체 속에서 한 다른 법이 내 마음의 법과 싸워 내 지체 속에 있는 죄의 법으로 나를 사로잡는 것을 보는도다." 죄가 나를 속입니다. 아주 처절하게 인간의 실존과 죄의 권세, 죄의 본성을 말하고 있습니다. 그러니 오랫동안 신앙생활하며 교회에 다니니 죄가 별로 없다고 말하는 것은 거짓말하는 것이며 그래서는 하나님과 교제하지 못합니다. 그 안에 기쁨이 없다고 성경은 지적합니다. 그 안에 진리가 없습니다. 진리는 죄를 드러나게 하기 때문입니다.

성도 여러분, 죄가 무엇인지 알 수 있는 하나님의 방법은 두 가지입니다. 율법과 복음입니다. 율법을 통해서 죄가 무엇인지 깨닫습니다. 율법을 지킬 수 없는 나의 상태가 죄의 속성을 알게 합니다. 더 큰 차원에서 복음 안에서 죄가 무엇인지 인식하게 합니다. 죄는 하나님의 은혜와 사랑을 감당할 수 없습니다. 그것이 내 죄의 본성입니다. 깊이 생각해 보시기 바랍니다.

그리고 10절에서 더 깊은 차원에서 말합니다. "만일 우리가 범죄하지 아니하였다면 하나님을 거짓말하는 자로 만드는 것이니 또한 그의 말씀이 우리 속에 있지 아니하느니라." '나는 죄를 짓지 않아'라고 하는 말 자체가 하나님을 거짓말쟁이로 만드는 것입니다. 얼마나 놀라운 일입니까? '나는 죄 사함을 받을 필요가 없는 사람이야. 사죄의 은총이 이제 별로 필요 없어.' 그 말 자체가 얼마나 위선이며 불신앙인지 우리를 깨우쳐 줍니다.

십자가의 복음을 생각해 보십시오. 성경은 의인은 하나도 없는데 십자가의 피로 대속했다고 말씀합니다. 그런데 하나님의 초월적인 구원의 역사가 거짓이라고 말하는 사람이 있습니다. 왜냐하면 스스로 죄가 없고 십자가가 필요 없다고 하기 때문입니다. 혹시 과거에는 필요했을지 몰라도 지금은 절실하게 필요하지 않다고, 의인이 하나도 없다고 하지만 자신이 거기에 해당하지 않는다고 말합니다. 이 사람은 누구입니까? 자신이 옳다면 하나님은 거짓말쟁이가 됩니다. 하나님이 허튼 짓을 하신 것입니다. 그러나 하나님이 옳다면 이 사람은 하나님을 대적하는 자입니다. 죄에 대한 무지와 죄를 분별하지 못함이, 죄를 인식하지 못함이 엄청난 결과를 낳는다는 것을 성경은 말해 줍니다. '하나님을 거짓말쟁이로 만드는 것이다. 또한 그 속에서 내 스스로가 거짓말쟁이가 되는 것이다.' 이것을 깨우쳐 줍니다. 이것이 복음의 역사입니다.

빛 가운데 행하라

그리고 빛 가운데 행하라고 적극적 차원에서 말씀해 줍니다. 빛 가운데 행하는 것은 예수 그리스도와 연합하며 예수 그리스도를 따르며 순종하면서 하나님과 교제하는 것입니다. 성도 여러분, 그리스도인은 빛이 아닙니다. 너무 잘 알고 있지 않습니까? 빛은 예수님입니다. 우리는 빛의 증인입니다. 이것을 잊어서는 안 됩니다. 예수 그리스도 밖에 있으면, 예수 그리스도와 함께하지 않으면 어둠 속에 살아가는 것입니다. 순식간에 죄의 권세 아래 다시 빠지게 됩니다. 이것을 알아야 합니다. 그래서 성경은 이제는 주 안에서 빛이라고 말합니다. 주 안에서만 빛이란 말입니다. 주 안에서만 빛의 자녀입니다. 착한 생활을 한다고 빛 가운데 거하여 천국 백성이 되는 것이 아닙니다. 오직 하나님의 은혜로 복음을 믿어 살아 계신 그리스도가 나의 주가 되십니다. 그러므로 이제는 주 안에서 빛의 삶을 누리게 됩니다. 하나님의 선언입니다. 이것이 복음입니다.

요한복음 15장을 보면 예수님께서 십자가 지시기 전날 말씀하십니다. 포도나무 비유를 통해서 '내 안에 거하라. 너희가 나를 떠나서는 도무지 아무것도 할 수 없다'고 말씀하십니다. 왜냐하면 어둠 속에 있기 때문입니다. 무엇인가 한 것 같지만, 어둠 속에 있었기 때문에 좌절과 다툼과 분노, 시기와 질투로 인해 빛의 열매를 맺지 못하게 됩니다. 특별히 오늘 말씀에 "빛 가운데 행하면"이 중요한 표현입니다. 빛을 생각하거나 고백하는 차원이 아닙니다. 실천적 삶을 말합니다. 이 복음의 빛은 추상적인 것이 아닙니다. 그 빛을 내가 받아들이면 내 안에서 역사합니다. 빛이 어둠을 드러내줍니다. 얼마나 깜깜했는지, 죄 가운데 살았던 것이 어떤 것인지를 알게 해줍니다. 또한 그 빛이 어둠의 원인과 상태와 결과를 분명히 알게 해줍니다. 이전에는 보지 못하고 알지 못했는데, 이제 알게 된 것입니다.

그리고 그 빛은 우리에게 새 생명이 있음을 알려줍니다. 새로운 인생의 약속과 진리, 새로운 사고방식을 갖게 해줍니다. 그리고 이제 복음의 빛을 전하게 됩니다. 비로소 빛의 증인으로 오늘을 살아가게 됩니다. 이 모든 것이 하나님의 은혜 가운데 복음의 역사로 이루어졌음을 오늘 성경은 말해 줍니다. 더욱더 귀한 말씀입니다. 그리스도의 피가, 예수의 피가 우리를 모든 죄에서 깨끗하게 하십니다. 우리는 죄를 지을 수밖에 없습니다. 그런데 빛 가운데 행하는 사람은 십자가의 보혈로 날마다 깨끗하게 하실 것입니다.

더욱이 2장 1절은 하나님 앞에서 우리의 대언자는 예수 그리스도라고 하십니다. 한번 생각해 보십시오. 죄인인 우리가 하나님 앞에서 심판받아야 하는데, 그날 우리를 변호하며 대언할 자가 누구입니까? 종교 창시자입니까? 아니면 내가 사랑하는 누구입니까? 아무도 아닙니다. 불가능합니다. 오직 예수 그리스도만이 대언자입니다. 그래서 그리스도인은 날마다 기쁜 것입니다. 감사하게 됩니다. 그 은혜를 알고 죄를 분별하기에, 자유를 알고 그리스도의 은혜와 사랑을 체험하며 오늘을 살아가게 됩니다.

성도 여러분, 우리는 영생을 소유한 사람입니다. 하나님의 심판대 앞에서 우리를 대언하시는 예수님이 오직 영생을 소유한 사람, 곧 빛 가운데 행한 사람을 대신해 주신다고 약속하십니다. 그러므로 그리스도인은 회개와 믿음으로 날마다 새로워지는 것입니다. 테레사 수녀가 젊었을 때 빈민굴을 방문했다고 합니다. 한 남자가 어두운 방에서 불도 피우지 않고 깜깜한 상태로 살아가고 있었습니다. 그래서 테레사 수녀가 램프에 불을 붙여주었더니 그 남자가 바로 꺼버렸습니다. 다시 램프에 불을 붙이니 램프를 집어던져 깨뜨려 버렸습니다. 그리고 말했습니다. "나는 어둠이 좋아. 빛이 싫어. 왜 이러는 거예요!" 그 다음날, 테레사 수녀가 또 램프를 사다가 불을 켜 놓았습니다. 그리고 10여 년이 지났는데, 한 젊은 수녀가 그 남자에 대해 테레사 수녀에게 이렇게 보고했습니다. "수녀님, 그분이 이제는 말쑥한 차림으로 정상적인 집에서 지내며 안정된 직업을 갖고 잘 지내고 있습니다. 그분이 수녀님께 전해달라는 말씀이 있습니다. '그 키 작은 수녀님에게 전해주시오. 당신의 등불은 아직 나의 삶 속에서 빛나고 있습니다.'"

그래서 그리스도인은 복음의 빛을 전하며 살아갑니다. 복음의 빛 앞에서 나를 보고 그 복음의 역사를 증거하며 그 안에서 기쁨과 안식을 누리면서 빛의 열매를 맺을 수 있습니다. 성경은 말씀합니다. "빛의 열매는 모든 착함과 의로움과 진실함에 있느니라"(엡 5:9). 그 안에서만 빛의 열매를 맺을 수 있습니다.

저명한 작가 코넬리어스 라이언은 하나님의 사람입니다. 불행하게도 암 투병으로 5년 동안 고통 속에 살다가 사망했습니다. 그런데 투병 중의 기록이 우리에게 큰 감동을 줍니다. 그는 날마다 감사기도를 드렸습니다. "하나님, 오늘도 좋은 날 주셔서 감사합니다." 그러니 옆에 있던 아내가 너무 궁금했습니다. 한 번도 아니고 매일매일 웃으면서 '감사합니다. 감사합니다'라고 하는데 도대체 무엇을 감사하는지 알고 싶어서 물었습니다. 그때 라이언은 아내에게 이렇게 말했답니다. "나에게 다섯 가지 기쁨이 있는데 첫째는 사랑하는 당신을 다시 볼 수 있기 때문이요, 둘째는 가족들의 음성을 들을 수 있기 때문이요, 셋째는 병들어 늦기 전에 작품을 탈고한 것이라오. 또 넷째로는 병마와 싸울 힘을 주신 하나님께 감사하고, 무엇보다 더욱 감사한 것은 주님이 지금 나와 함께 계신다는 사실이오."

구원받은 하나님의 자녀는 오직 예수 그리스도 안에서 살아갑니다. 그래서 주의 말씀에 귀를 기울입니다. 주께서 말씀하십니다. 주의 나라와 주의 의를 먼저 구하는 것이 가장 큰 가치관입니다. 생의 목적이며 중심입니다. 그 말씀에 따라 살기에 하나님과 함께 교제할 수 있고 신령한 복을 누릴 수 있습니다.

우리는 매일매일 죄의 권세 아래, 어둠에 노출되어 있습니다. 죄를 지을 수밖에 없는 상황이 있습니다. 그러나 회개한 믿음으로 다시 삽니다. 탕자의 비유가 그 메시지입니다. 우리 모두는 하나님 앞에 탕자입니다. 그러나 아버지께로 돌아온 탕자입니다. 아버지의 집으로 향하고, 아버지께로 가는 탕자의 인생, 그가 바로 빛 가운데 행하는 하나님의 자녀입니다. 이것이 복음입니다. 이 복음을 믿는 자는 예수 그리스도 안에서 하나님과 교제하고 하나님의 은혜와 사랑을 갈망하며 빛의 열매를 맺으며 오늘을 살아갑니다. 아무리 시대가 캄캄하고 많은 고통과 시련이 있다 할지라도 세상이 알지 못하는 이 교제와 기쁨과 감사 중에 복음의 증인으로 승리할 수 있는 것입니다.

전지전능하신 은혜의 하나님, 미천하고 어리석은 죄인을 주 안에서 주의 복음을 믿음으로 깨우쳐 주시사 눈을 뜨게 하시고 마음을 열어 신령한 세계를 바라보며 이 어두운 세상에서 빛 가운데 행하는 빛의 자녀로 살 수 있는 은총을 허락해 주심을 진심으로 감사드립니다. 그러나 주 밖에서 자행자지할 때가 많고 주의 복음을 추상화할 때가 너무나도 많아서 또다시 세상에 종속되며 세상 풍류에 휩쓸리어 원망과 불평과 근심과 고통과 절망 중에 살아가는 죄인을 불쌍히 여겨주옵소서. 성령이시여, 우리 안에 영생의 빛이 나타났고 영생을 소유한 삶이 시작되었음을 항상 기억하게 하시사 거룩하신 하나님 앞에 하나님과 교제하며 빛 가운데 행하여 빛의 열매를 맺는 위대한 인생을 살아갈 수 있도록 함께하여 주옵소서. 그리고 내 주변의 어둠의 권세와 죄의 본성과 능력을 알지 못한 채 살아가는 불신앙의 사람들에게 복음의 빛을 나타내는 승리의 삶을 살도록 지켜주옵소서. 우리 주 예수 그리스도의 이름으로 간절히 기도드리옵나이다. 아멘.

05

너희는 마음에
근심하지 말라

너희는 마음에 근심하지 말라 하나님을 믿으니 또 나를 믿으라   – 요한복음 14:1

05

너희는 마음에 근심하지 말라

가이드 포스트의 발간자이며 목회자인 빈센트 필 박사의 일화를 소개합니다. 그가 어느 날 거리를 걷고 있는데 한 젊은이가 매우 괴로운 표정을 하며 인사를 했습니다. 필 박사가 물었습니다. "자네 무슨 근심이 있나? 왜 그렇게 죽을상이 되었어?" "말씀도 마십시오. 요즘 근심 걱정이 떠날 날이 없습니다. 문제 하나가 지나면 또 하나가 꼬리를 무니 견딜 수가 없습니다. 박사님, 어디 근심 걱정 없는 곳이 없을까요?" 그러자 박사는 이렇게 대답했습니다. "있지. 딱 한 군데 있지. 그곳은 바로 공동묘지라네. 그곳에 누워 있으면 아무런 근심이나 걱정이 없지. 이 세상에는 근심과 걱정이 꽉 차 있는데 어찌 그것을 피하겠다고 하는가?"

성도 여러분, 근심은 하나님께서 모든 인간에게 주신 자연스러운 본성 중의 하나입니다. 모든 인간 안에 내재되어 있는 자연스러운 감정입니다.

자연스러운 감정으로서의 근심

사랑에도 근심이 있습니다. 사랑하면 사랑할수록, 깊은 관심과 이해를 가지면 가질수록 그 속에 근심이 있습니다. 죄에 대한 근심이 있습니다. 불경건과 불의에 대한 근심입니다. 폭력과 불평등과 거짓 위선에 대한 근심이 항상 있습니다. 두려움에 대한 근심이 있습니다. 재난과 죽음과 실패와 질병에 대한 근심입니다. 성공을 해도 마찬가지입니다. 성공하면 할수록 더 큰 근심이 생깁니다. 또 다른 근심으로 나아가게 됩니다. 이처럼 근심은 모든 인간이 갖고 있는 자연스러운 감정입니다.

그런데 이 근심이 문제인 이유는 왜곡된 감정으로 변질되어서 나와 이웃에게 나쁜 영향을 끼치기 때문입니다. 자연스러운 감정이 아니라 왜곡된 감정으로 그 근심이 변질되어 부정적 사고를 갖게 하고 육체와 정신을 파괴한다면 참으로 나쁜 것입니다. 이러한 왜곡된 근심이 건강한 감정과 이성을 마비시켜서 우울증과 분노와 폭력, 비난과 무기력에 빠지게 한다면 그런 근심은 싹을 잘라야 합니다. 제거하는 것이 마땅합니다.

오늘날 심리학자들의 분석에 의하면 이렇게 말합니다. 통계적으로 사람들의 근심과 염려 중에 96%는 우리가 통제할 수 있는 것이 아니라고 합니다. 일어나지도 않을 일들인 것입니다. 그런데 그 96%에 붙들려서 근심과 염려 중에 살아간다는 것입니다. 단지 4%만이 인간이 변화시킬 수 있는 겁니다. 삶의 지혜, 인생의 지혜는 바로 분별입니다. 감당할 수 없는 것, 변하지 않을 것, 내게 오지 않을 것들에 매여서 근심과 두려움 속에 무기력한 인생을 살아서는 안 됩니다.

미국의 극작가 닐 사이먼이 쓴 『굿 닥터』라는 희곡에 나오는 재채기라는 교훈적인 이야기가 있습니다. 시청의 청소부가 어느 날 아내와 함께 연극을 보러 갔습니다. 이 청소부가 앉은 자리가 시장의 바로 뒷자리였는데, 그만 재채기를 하다가 시장의 뒤통수에 침이 묻었습니다. 시장은 즉시 뒤를 돌아보았으나 그 청소부의 실수를 개의치 않고 이해해 주었습니다. 그런데 청소부는 연극을 보는 내내 이 사실이 괴로워 걱정을 합니다. '시장님이 속으로는 매우 언짢았을 거야. 그러나 겉으로 억지로 괜찮다고 한 거야. 틀림없이 몹시 불쾌했을 거야.' 이런 생각을 집에 와서도, 다음 날 출근해서도 계속합니다. 그러나 정작 시장은 그 일을 까맣게 잊고 있었습니다. 청소부는 멈추지 않는 근심 속에서 시장의 집무실을 찾아가서 면담을 요청하며 꼭 만나서 이 일을 물어야 되겠다고 애를 씁니다. 결국 특별 면담이 이루어졌습니다. 청소부가 시장을 만나 물었습니다. "시장님, 저를 정말 용서하셨습니까?" 시장은 잘 기억도 나지 않는다며, 그런 일이 있긴 했지만 이미 기억에서 사라진 일이라고 말해 주었습니다. 하지만 청소부는 거짓말하지 말라고 따집니다. 그렇지 않다고 아무리 말해도 받아들이지 않자 화가 난 시장은 결국 역정을 냈습니다. 그러자 청소부는 자기 생각이 옳았다며 시장은 자신을 용서한 게 아니라면서 한없이 괴로워하다가 죽습니다. 참으로 어리석은 인생이 무엇인가를 우리에게 말해 주는 이야기입니다.

근심하지 말고 믿으라

성도 여러분, 예수님께서 오늘 성경 말씀을 통해 우리에게 강하게 명령하십니다. 근심하지 말라는 것과 믿으라는 두 가지 명령을 강하게 하십니다. 평소 예수님은 친절하고 상냥하며 사랑스럽게 가르치시고 권면하셨지만, 지금 이 상황에서는 다릅니다. 제자들을 사랑하시는 마음에 아주 강하게 말씀하십니다.

'의심하지 말라. 믿으라.' 이런 강한 명령을 통해서 예수님은 그들을 징계하고 나무라는 것이 아니라, 3년 간 함께 있으면서 전한 복음의 진리를 더 명확하게 가르치시고 깨닫게 하십니다. 그 말씀을 선포하십니다. 성도 여러분, 예수님의 제자인 천국 백성으로 이 세상을 살면서 절대 해서는 안 되는 일이 바로 이 두 가지입니다. 바로 근심에 빠져 무기력해지고 성도의 본분을 망각하는 것입니다.

제자들은 지금 큰 충격에 빠져서 몹시 당황하고 있습니다. 즉 예수님이 하신 말씀 때문에 정신적으로나 육체적으로 붕괴되어 두려움과 공포 속에서 큰 근심을 하고 있습니다. 왜냐하면 예수님께서 이 시간 제자들을 떠날 것이라고 말씀하셨기 때문입니다. 조금 있으면 십자가를 지고 죽을 것이고 또 조금 더 있으면 아버지 하나님께로 갈 것이라고 하셨기 때문입니다. 한 마디로 이제 너희들과 함께 지낼 수가 없고 너희를 떠날 것이라는 말씀에 제자들은 엄청난 근심과 두려움 속에 사로잡혀 있던 것입니다.

제자들의 입장을 생각해 보십시오. 3년 간 예수님께서 그들을 부르시어 함께했습니다. 모든 것을 함께했습니다. 그런 과정을 통해서 예수님을 정말 신뢰했고 의존했습니다. 예수님을 만나기 전에는 한 번도 경험하지 못했던 알지 못하는 하나님의 세계와 능력을 체험합니다. 수많은 이적을 직접 체험했고 경험했습니다. 또한 예수님을 만나기 전에는 한 번도 들을 수 없는 권세 있는 지혜의 말씀을 직접 들었고 3년 내내 가르침을 받았습니다. 그 과정 속에서 진심으로 예수님을 사랑했고 존경했으며 더 나아가 의존했습니다. 한마디로 예수님을 만나서 완전히 다른 차원의 인생을 살아가게 된 것입니다.

제자들은 예수님을 믿기 전에는 세상의 직업을 가지고 삶의 목적을 자신에게 두고 성공 주도적인 삶을 살았습니다. 하지만 예수님을 만나고 완전 다른 세계, 신세계를 체험하며 새로운 세계를 향한 소망을 갖고 살았습니다. 그런데 예수님께서 다시는 자신을 볼 수 없을 것이라고, 십자가에서 죽을 것이고 아버지 하나님께로 갈 것이라고 말씀하시는 것입니다. 이 순간에 제자들이 갖는 상실감과 두려움은 어떤 재난과도 비교할 수 없는 것이었습니다. 한마디로 소망이 없어진 것입니다. 나름대로는 예수님의 능력과 지혜로 자신의 꿈과 야망을 이루겠다는 생각을 가졌습니다. 더 나아가는 이스라엘의 해방과 번영을 꿈꾸며 하나님의 능력이 나타나는 일꾼이 되겠다는 소원도 있었을 것입니다. 이 모든 것이 예수님 없이는 불가능한 일입니다.

그런데 예수님께서 떠나시겠다는 겁니다. 이들에게 예수님이 떠나시겠다는 것은 한마디로 실존적으로는 예수 믿기 이전의 삶으로 돌아가야 함을 의미합니다. 예수님을 만나기 전의 과거로, 옛 사람으로 돌아가는 수밖에 없는 겁니다. 예수님과 함께하지 않으면 실패이고 그 인생은 아무것도 아닙니다. 더욱이 예수님과 3년을 함께 지냈으므로 종교 지도자들이 자신들을 박해하고 비난하며 정죄할 것이 뻔합니다. 그런데 예수님 없이는 이걸 감당할 수가 없는 것입니다. 그래서 그들 마음에 근심이 가득 차고 근심에 빠져 무기력해진 것입니다.

이 시간 예수님께서 말씀하십니다. 그래서 명령하시는 겁니다. '근심하는 너희들, 근심하지 말라. 너희가 내 제자이고 하나님이 택하신 백성이니 근심하지 말라.' 강하고 긴급하게 말씀하시며 그 말씀 속에서 위대한 복음의 진리를 깨우쳐 주십니다. 복음의 역사 안에 다시 한 번 바르게 세워주십니다.

예수님께서 근심하지 말라고 하신 말씀은 '그래 너희들이 너무 근심하니까 내가 십자가를 지지 않으마. 죽지 않으마. 그리고 앞으로 너희들이 다 잘 되게 해 줄게'라는 얘기가 아닙니다. 단지 근심만 하지 않으면 앞으로 모든 게 잘 될 것이니 걱정하지 말라는 이야기도 아닙니다. 지금 이 순간을 극복하면 앞으로 근심거리 없는 삶을 살게 해주겠다는 약속도 아닙니다.

세상은 온통 근심거리입니다. 근심 속에 살아갈 수밖에 없습니다. 그러나 예수님은 말씀하십니다. 강하게 명령하십니다.

'너희가 하나님의 자녀이거든, 너희가 천국 백성이거든, 너희가 내 제자거든 근심하지 말라. 근심에 빠지지 말라. 근심에 넘어지지 말라. 근심 속에 무기력해져서 좌절하고 원망하며 불평하고 낙망하거나 부정적 사고에 휩쓸려 살아가지 말라'고 말씀하시는 겁니다.

근심 중에 기도하시는 예수님

예수님이 이 말씀을 하실 때가 언제입니까? 불과 몇 시간 후면 체포되어 십자가를 지시는 사건을 눈앞에 둔 때입니다. 예수님이 알고 있는 십자가라는 것은 우리가 잘 아는 것처럼 무서운 형벌입니다. 죽음의 고통이요, 피 흘리는 죽음이며 수치스러운 일입니다. 악인들의 형통입니다. 이런 사건을 앞에 놓고 계십니다. 예수님도 육신을 입고 이 땅에 오셨기에 우리와 같이 근심이 있는 것입니다. 그래서 겟세마네 동산에서 마음이 매우 고민하여 죽게 되었노라고 제자들에게 말씀하십니다. 예수님도 근심하십니다. 이처럼 근심 자체를 부정하라는 얘기가 아닙니다. 예수님도 크게 근심하셨습니다. 그러나 예수님은 그 근심을 간절한 기도로 바꾸십니다. 피땀 흘려 하나님께 기도하십니다. 모든 걸 아시는 하나님께 근심 중에 더욱더 열정을 가지고 기도하며 승리하신 것입니다.

그래서 제자들에게 말씀합니다. '근심하지 말라. 근심에 빠지지 말라. 근심을 부정하는 게 아니라, 근심은 하나님께서 주신 자연스러운 본성이다. 그러나 근심이 왜곡되어 너희의 건강한 감정과 이성을 마비시키지 말라. 우울증에 빠지지 말고 공포에 휩싸여서 무기력하지 말라.' 대신 기도하라고 하십니다. 그 근심을 하나님께 아뢰라고 말씀하십니다. 이 강한 명령 속에 강한 예수님의 사랑이 깃들어 있습니다.

이제까지 말씀 드린 대로 예수님은 십자가를 지시고 죽어야 되는 더 큰 근심의 사건이 앞에 있었지만, 오히려 연약한 이들을 보며 불쌍히 여기십니다. 택한 제자들이 가는 길에 끝까지 위로하시며 권면하십니다. 깨우치시며 더 나아가 해결책을 주시는 것입니다.

성도 여러분, 살아 계신 그리스도가 오늘 하나님의 자녀를 향하여 똑같은 일을 행하십니다. 예수님을 주님으로 영접하고 하나님을 아버지로 고백하는 천국 백성을 향하여 중보 기도하시며 말씀으로 새롭게 하십니다. 복음으로 깨우치십니다. 끝까지 사랑하시어 승리토록 우리에게 말씀하십니다. 얼마나 감사한지요! 그분이 우리의 구주십니다.

성도 여러분, 여러분이 경험하는 근심의 이유가 무엇입니까? 온 인류가 안고 있는 근심의 근본적인 이유가 무엇입니까? 모든 사람 속에 있는 근심의 본질이 무엇입니까? 이 세상에서는 근심의 이유를 알면서도 해결하지 못합니다. 가장 큰 근심의 이유는 죽음입니다. 재난과 질병과 환난 속에서 죽음이라는 두려움 속에 근심하는 겁니다. 죽지 않아야 두려움이 해결되는데 모두가 죽습니다. 이게 인류의 실존입니다. 더 나아가 고통입니다. 질병과 실패, 죽음과 폭력은 참으로 고통스럽습니다. 그 고통에 대한 두려움과 공포 속에 근심하는 것입니다.

또한 미래에 대한 불확실입니다. 현재가 어떻든 간에 미래에 대한 확실성과 안정성만 있으면 이겨 나가겠는데 불확실합니다. 그래서 근심합니다. 한마디로 미래에 대한 확실한 소망이 없기 때문에 근심에 빠지는 것입니다. 그리고 의미 없는 삶을 살아갈 때 내 안에 기쁨이 없으므로 근심하게 됩니다. 또 내 뜻대로 안 될 때 근심합니다. 이처럼 수많은 실존적 이유가 근심의 이유입니다.

그런데 예수님은 이 모든 것을 아십니다. 직접 경험하셨습니다. 그럼에도 불구하고 완전히 다른 차원의 근심의 이유를 우리에게 말씀하십니다. 그것은 바로 믿음의 문제라는 것입니다. 잘못된 믿음과 믿음이 없는 불신앙이 근심의 가장 큰 이유라는 것입니다. 그래서 예수님께서 강하게 명령하십니다. '근심하지 마라. 믿으라. 왜 너희들이 지금 근심하는 줄 아느냐? 믿음이 없기 때문이다. 믿으라. 3년 동안 전한 하나님 나라 복음을 믿으라. 추상적으로 믿지 말고 정말 믿으라.'

우리는 이미 많이 경험했습니다. 복음을 믿는 자에게 하나님께서 은혜와 평강을 주십니다. 복음을 믿는 자에게 하나님께서 기쁨과 안식과 만족을 주십니다. 그런데 그 평강과 기쁨과 만족과 안식이 상실됐습니다. 온전한 믿음이 없어서 그 은혜가 상실됐습니다. 그 자리가 근심입니다. 그래서 예수님께서 아주 강하게 명령하십니다. '믿으라.' 제자들의 입장에서 생각해 보십시오. 정말 예수님을 존경하고 따르며 의존했습니다. 스스로 확실한 믿음을 갖고 있다고 생각했는데 큰 사건이 생기고 보니 그 사건 속에서 다 무너지는 겁니다. 그 믿음이 너무 연약했습니다. 예수님이 보시기에 이런 현상은 믿음이 아닙니다. 온전한 믿음이 아직 없는 것입니다. 그래서 강하게 말씀하십니다. 온전한 믿음을 가지라고 말씀하십니다. 성도 여러분, 여러분은 복음에 대한 온전한 믿음을 가지고 오늘을 살아가십니까?

하나님을 믿는 믿음을 말씀하시는 예수님

그러면서 예수님께서 말씀하십니다. '하나님을 믿으라.' 제자들이 이것을 모를 리 없습니다. 그런데도 말씀하십니다. 강하게 말씀하십니다. '하나님을 믿으라.' 예수님이 말씀하시는 하나님은 어떤 분입니까? 성령이 말씀하시는 그 하나님, 창조주시요 역사의 주인이신 하나님, 은혜와 사랑이 충만하신 하나님, 나를 부르시고 자녀 삼으시는 하나님, 정말 나를 사랑하시는 하나님, 그 하나님을 믿으라고 말씀하십니다.

맹목적인 믿음을 갖거나 추상적인 믿음을 가지면 작은 시련과 역경 속에서 다 무너지고 맙니다. 예수님은 자신이 하나님을 믿듯이 우리도 믿으라고 말씀하십니다. 살아 계신 하나님을 믿으라고 말씀하십니다. 예수님께서 지금 십자가를 직면하고 계시지만, 불과 몇 시간 후에 겟세마네 동산에서 그 큰 근심이 변하여 기도가 되고 기도 속에 승리하며 십자가의 길을 갈때는 마음이 평안하셨습니다. 근심이 없습니다. 이것이 승리의 길입니다. 그러기에 자신이 하나님을 믿는 것처럼 우리도 온전히 하나님을 믿으라고 말씀합니다.

그리고 추가로 말씀하십니다. 단지 하나님을 믿으라고만 하시지 않고 아주 특별한 계시를 주십니다. 복음입니다. "또 나를 믿으라." 우리와 같은 육신을 가진 인간이지만 예수님을 믿으라고 하십니다. 예수님으로 말미암지 않고는 아버지께로 올자도 없고 아버지와 함께할 수도 없으며, 예수님으로 말미암지 않고는 천국에 들어갈 수 없다고 하십니다. 예수님이 하나님이고 구주이니 믿으라고 하십니다. 눈앞에 있는 바로 그 예수님을 믿으라고 하십니다. 역사적인 예수님, 성육신하셔서 십자가를 지시는 예수님, 부활하신 예수님을 그대로 믿으라고 하십니다. 더 나아가 승천하실 예수님, 살아 계신 그리스도를 믿으라고 하십니다. '내가 이제 십자가에 죽으나 부활할 것이요, 승천할 것이요, 너희를 떠나지만 살아 역사할 것이다. 살아 계신 주로 너희 안에 내가 함께할 것이다.' 이걸 믿으라고 예수님께서 재촉하십니다. 정말 살아 계신 그리스도를 믿을 때 우리 안에 두려움과 근심은 사라지는 것입니다.

성도 여러분, 근심에 대한 해결책으로 주신 예수님께서 전파하신 복음은 흔히 세상에서 말하는 것처럼 잠시 있으면 다 잘될 것이니 걱정하지 말라는 얘기가 아닙니다. 더 나아가서 긍정적인 생각을 하라거나 비전을 가지라는 것도 아닙니다. 밝은 생각을 하면 어둠을 물리치고 좋은 날이 올 거라는 얘기가 아닙니다. 또 심리학자나 교육학자처럼 마음의 훈련을 통해서 생각을 전환시키거나 부정적인 걸 없애고 밝은 면을 보면 결국 좋은 세계가 올 것이라는 것도 아닙니다. 그리고 와서 상담을 받으면 근심을 없애 줄 것이라는 말을 하는 것도 아닙니다. 다른 종교에서 말하는 것처럼 깨달음과 명상을 통해서 근심을 없애거나 숙명으로 받아들이라는 것도 아닙니다. 더 나아가서 신비의 세계와 우주 안에 있는 예수님을 보며 신비주의 방식으로 오늘의 근심을 없애라는 얘기가 아닙니다. 오히려 복음서를 보면 예수님은 세상에 폭력과 재난, 전쟁과 질병이 있고 또 많은 환난이 있을 것이라고 말씀하십니다. 그 속에서 고통과 박해와 수많은 근심거리에 직면하게 될 것이라고 말씀하십니다. 그리고 가장 정직하게 실존적으로 그 속에서 근심하지 말고 믿으라고 하십니다. 이것이 예수께서 정하신 복음입니다.

근심 중에 함께하시는 하나님

가난한 이민자 상인의 아들로 태어나 세계적으로 유명한 호텔 왕이 된 콘래드 힐튼 회장의 일화입니다. 그는 힐튼 호텔을 창업했는데, 어린 시절 어머니로부터 늘 이런 말을 들었다고 합니다. "네가 성장하면 나도 네 아버지도, 형제들도 모두 네 곁을 떠나게 될 것이다. 그렇다고 네가 혼자되는 건 아니야. 왜냐하면 늘 너와 동행해 주시는 예수님이 계시기 때문이지. 그러니 그분께 모든 걱정과 근심을 맡기렴. 그러면 그분이 너에게 힘과 용기를 주실 것이란다."

어린 힐튼은 그 당시 이런 어머니의 얘기가 도대체 귀에 들어오지도 않았고 무슨 이야기를 하는지도 몰랐습니다. 세월이 흘러 장성한 후 기업을 경영하는 사업가가 되었습니다. 그러는 중에 수많은 고비를 만났고 수많은 고통과 시련 속에서 낙담할 때마다 어린 시절 어머니께서 해주신 이 이야기가 떠올랐답니다. 훗날 그는 이렇게 고백합니다. "경제 공항이 닥치고 호텔이 파산하게 되었을 때 내 머릿속에는 지난 날 이해하지 못했던 어머니의 말씀이 떠올랐습니다. 언제나 나와 함께하시는 분을 깨닫게 된 것입니다. 그래서 나는 곧 말씀대로 어려운 문제에 항복하지 않고 예수님께로 달려가 내 문제를 아뢰었습니다. 그러자 그 즉시 나와 함께하신 주님의 도움의 손길이 느껴지더군요. 나는 이렇게 해서 어떤 고난도 어려움도 이겨낼 수 있었습니다."

성도 여러분, 이 세상에는 수많은 근심과 염려가 있는데 이러한 근심에 대한 해결책은 세상에 있지 않습니다. 많은 지식인과 철학자, 또 종교가 해결책을 제시하지만 이는 일시적인 것이요 추상적인 것입니다. 그 사건은 그대로 있습니다. 해결책은 오직 하나님께 있습니다. 그 해결책을 예수님께서 우리에게 주신 것입니다. 하나님 나라의 복음, 그리스도의 복음이 해결책인 것입니다. 그래서 주님께서 말씀합니다. '나를 믿고 하나님을 믿어라.' 예수 그리스도와 하나님 나라가 유일한 해결책입니다. 그 복음을 믿음으로 믿음의 세계를 보고 믿음의 생각에 이끌리어 믿음의 대상인 예수 그리스도와 함께할 때 우리 안에 근심이 사라집니다. 근심이 있으나 근심을 이기고 그 근심이 기도로 변합니다.

제자들을 보십시오. 이렇게 초라한 모습으로 십자가를 지시는 예수님으로 인해 근심과 걱정에 두려워 떨고 있는 이들이 얼마 후 성령을 받고 거듭난 이후에는 완전히 다른 사람이 됩니다. 예수님 말씀대로 항상 환난과 핍박, 그리고 폭력이 있었습니다. 하지만 그런 두려움과 수많은 근심 속에서도 그들은 근심에 붙들리지 않았습니다. 근심을 넘어 기도하고, 기도로 하나님과 함께하며 하나님의 영광을 나타내는 승리의 삶을 살게 됩니다. 모든 하나님의 사람들도 이와 같은 인생을 살게 됩니다.

성도 여러분, 하나님의 자녀인 천국 백성은 항상 예수 그리스도 안에서 살아 계신 하나님, 우리 하나님 아버지를 향하여 모든 것을 고해야 합니다. 잘한 것이든 잘못한 것이든, 두려운 것이든 기쁜 것이든 모든 것을 구하며 그 안에서 답을 얻어야 합니다. 우리는 이미 하나님의 자녀로 복음의 사람이 되었습니다. 이제 남은 것은 믿음입니다. 믿음으로 하나님께 모든 것을 간구하고 기도로 하나님의 뜻을 구하며 승리의 삶을 살아야 합니다. 그리고 항상 성령께 온전한 굳센 믿음, 그리스도와 사도들과 같은 믿음을 달라고 기도하며 오늘을 살아야 합니다. 그 믿음으로 복음적 생각과 방식을 따라 하나님의 뜻을 분별하며 하나님의 은혜와 사랑에 의존하고 예수 그리스도와 함께하여 승리하는 영광된 삶을 살아가야 할 것입니다.

전지전능하신 은혜의 하나님, 험악한 수많은 환난과 시련이 있는 이 세상 속에서 근심하지만 근심에 매이지 않게 하시고 근심을 넘어 기도의 사람으로, 하나님의 사람으로, 복음의 사람으로 승리할 수 있도록 우리에게 이만한 믿음을 주심을 진심으로 감사드립니다. 진실로 예수 그리스도의 복음이 인류의 소망이요, 나의 모든 문제의 해결책임을 깨닫고 하나님을 믿고 예수 그리스도를 믿음으로 하나님의 은혜와 평강을 체험하며 하나님의 지혜와 능력과 안식으로 승리하는 모든 주의 사람들을 지켜주옵소서. 근심에 빠지고 하나님을 알지 못하여 복음의 지혜와 능력을 믿지 않는 불신앙의 사람들을 기억하게 하사 우리를 통하여 그들에게 이 위대한 복음이 증거되며 하나님의 역사가 사건으로 나타날 수 있도록 함께하여 주옵소서. 우리 주 예수 그리스도의 이름으로 간절히 기도드리옵나이다. 아멘.

06

나의 평안을
너희에게 주노라

내가 아직 너희와 함께 있어서 이 말을 너희에게 하였거니와 보혜사 곧 아버지께서 내
이름으로 보내실 성령 그가 너희에게 모든 것을 가르치고 내가 너희에게 말한 모든 것
을 생각나게 하리라 평안을 너희에게 끼치노니 곧 나의 평안을 너희에게 주노라 내가
너희에게 주는 것은 세상이 주는 것과 같지 아니하니라 너희는 마음에 근심하지도 말
고 두려워하지도 말라

— 요한복음 14:25-27

06

나의 평안을 너희에게 주노라

하나님의 사람 링컨 대통령의 일화입니다. 어느 날 링컨이
여느 때와 다르게 무겁고 느린 걸음으로 집에 돌아왔습니다.
그리고 곧장 소파에 앉더니 완전히 낙담한 모습으로 손을 이
마에 갖다 대었습니다. 이처럼 힘없이 고뇌하는 모습에 아내
가 말을 걸었습니다. "여보, 어디에 갔다 오셨어요?" 링컨은 여
전히 힘없이 대답했습니다. "전쟁 위원회에 참석했소." 아내는
걱정스러워 다시 물었습니다. "무슨 뉴스가 있어요?" 링컨이
대답합니다. "뉴스야 참 많은데, 좋은 뉴스 하나 없이 전부 암
담한 내용들뿐이오."

말을 마친 후 링컨은 팔을 내밀어 테이블 위에 있던 성경을

꺼내 들었습니다. 그리고 성경을 펼치자마자 몰입하여 성경 말씀을 읽기 시작했습니다. 이 모습을 보고 아내는 잠시 자리를 피했습니다. 잠깐 시간이 지나고 아내가 다시 링컨의 얼굴을 보게 됩니다. 그런데 방금 전까지 절망하던 모습은 다 사라지고 새로운 결의와 희망의 표정으로 빛나고 있었습니다. 아내는 짧은 시간 동안 링컨에게 평안함을 가져다 준 성경을 바라보며 이렇게 말했습니다. "여보, 당신 얼굴이 조금 전과는 다르게 무척이나 평안해 보이네요."

평강이 없음을 불쌍히 여기신 예수님

성도 여러분, 무엇이 여러분에게 진정한 평안을 주고, 어떻게 해야 그 평안을 소유한 자로 누리며 살아갈 수 있는지를 확실하게 알며 오늘을 살아가십니까? 이 평강의 비밀을 안다는 것은 인생에 있어서 가장 중요한 사건입니다. 왜냐하면 그 평강을 모르면 한평생 평강을 누리지 못하기 때문입니다. 마음의 평안을 누리지 못하는 삶을 살며, 잘못된 진리와 거짓에 속아 거짓된 평안을 따라 살아갈 수밖에 없기 때문입니다.

예수님께서 누가복음 19장 41, 42절에서 말씀하십니다. 지금 십자가를 지시기 위해 예루살렘 성을 향하여 가시면서 하신 말씀입니다. "가까이 오사 성을 보시고 우시며 이르시되 너도 오늘 평화에 관한 일을 알았더라면 좋을 뻔하였거니와 지금 네 눈에 숨겨졌도다." 이스라엘 백성은 유대인으로 하나님의 선민 임을 확실히 믿고 살아가는 백성입니다. 성경 말씀을 연구했고 율법을 지키고자 했던 백성입니다. 무엇보다도 그들은 샬롬, 즉 평강을 아는 민족이라고 자부했던 사람들입니다. 그래서 인사 때마다 '샬롬! 샬롬!' 하며 평강을 빌었습니다. 한마디로 평강 의 삶을 확실히 알고 있다고 믿으며 살아가는 백성입니다.

그러나 예수님께서 말씀하십니다. '너희가 평화의 길을 알지 못한다. 평화를 알았더라면 좋았을 뻔했는데 네 눈에 숨겨졌도 다. 너희들이 속아 잘못된 인생을 살며 평강을 떠난 삶을 살아 가는구나.' 불쌍히 여기셨다고 성경은 기록합니다. 우시고 탄 식하시면서 평강이 숨겨졌음을 말씀하십니다. 이것은 계시의 말씀입니다. 세상을 향하여 불쌍히 여기시며 '오늘도 너희가 평화를 잃어버렸다. 평강의 삶을 알지 못한다. 평안의 삶을 누 리지 못하는구나.' 불쌍히 여기시며 탄식하고 계신다는 사실을 기억해야 합니다.

성도 여러분, 이 세상에 평강은 없습니다. 진정한 평화는 없 습니다. 인류가 끝없이 인간의 힘과 노력과 지식으로 평화를 쟁취하고 누리며 평강의 삶을 약속했지만, 한 번도 이루어진

적이 없습니다. 이 사실을 역사가 증거합니다. 정치적 힘이나 경제적 번영으로 평화의 시대를 열고 평강의 삶을 약속했지만, 한 번도 된 적이 없습니다. 또는 대화와 인격적인 만남을 통해서 진정한 평화를 누리고 평화의 삶을 살아갈 수 있다 말하지만, 그것 또한 거짓입니다. 불가능한 일임을 알아야 합니다. 이 세상에는 항상 전쟁과 폭력, 갈등과 질병과 분열이 있었습니다. 그 속에서 인간은 근심하며 불안해합니다. 두려움 속에 좌절하며 살아갑니다. 진정한 평화와 평강은 이 세상 속에 없습니다.

랍비 조슈아 리프맨의 소설, 『마음의 평안』(Peace of Mind)에 나오는 교훈적인 이야기입니다. 한 젊은이가 지혜로운 노인을 찾아갑니다. 그 노인은 젊은이에게 소원이 무엇인지, 정말로 원하는 것이 무엇인지 물었습니다. 그러자 젊은이는 대답합니다. "첫째는 건강이요, 둘째는 많은 재물이요, 셋째는 뛰어난 외모요, 넷째는 재능이며, 다섯째는 권력이며, 여섯째는 명예입니다." 이렇게 줄줄이 자기의 소원을 말하는 젊은이에게 노인은 이런 대답을 줍니다. "이보게 청년! 평안이 없이는 아무것도 즐길 수가 없다네." 마음의 평안, 평강이 없이는 그 어떤 것도 소용이 없다는 것을 분명히 알아야 합니다.

또한 건강과 소유와 재능, 권력과 명예와 성공이 우리에게 평안을 주는 요소가 아니라는 사실도 잊어서는 안 됩니다. 새해마다 소원이 무엇인지 사람들에게 물어보면 공통적으로 말하는 것이 평안한 삶, 행복한 삶입니다. 그러나 정말 마음에 평안이 있어야 누리는 것이지, 평안을 모르고 소유하지 않은 사람은 아무리 재산이 많고 건강하며 존경을 받아도 얻을 수가 없습니다.

부활하신 예수님이 말씀하신 첫 번째 주제

부활하신 예수님께서 처음 제자들에게 나타나셔서 하신 말씀이 바로 평강에 관한 주제입니다. 부활하신 예수님께서 반복해서 말씀하신 첫 메시지가 "Peace be with you"(평강이 있을지어다)입니다. 부활하신 예수 그리스도의 첫 복음이 바로 평강에 관한 메시지입니다. 왜냐하면 이 세상에는 평강이 없기 때문입니다. 평강한 척하고 평강을 약속하지만, 그 누구도 진정한 평안과 평강의 삶을 누리지 못하기 때문입니다. 그래서 부활하신 그리스도께서 말씀하십니다. "평강이 있을지어다." 성도 여러분, 평강의 중요성을 항상 인식하며 지혜롭게 오늘을 살아가야 합니다.

마음에 평안이 없다면 어떻게 되겠습니까? 그 자리에 두려움과 공포와 좌절과 불안이 있을 수밖에 없습니다. 마음의 평화와 평강이 없습니다. 불행합니다. 근심으로 가득 차 있을 수밖에 없습니다. 그래서 예수님께서 첫 메시지로 주신 것이 평강입니다. "너희에게 평강이 있을지어다." 항상 기억하시기 바랍니다.

하나님의 사람 존 맥아더 목사는 『자족 연습』(*Anxious for Nothing*)에서 하나님의 평강은 인간이나 인간의 환경과 아무런 상관이 없다며 하나님의 평강은 하나님의 자녀가 소유하고 누릴 수 있는 거룩한 권리이며 특권이라고 합니다. 그러면서 그 특징을 성경적으로 네 가지로 설명합니다. 첫째, 평강은 하나님의 것이며 하나님의 속성이어서 성경은 그분을 가리켜 평강의 왕이라고 말한다는 것입니다. 둘째, 평강은 선물입니다. 그래서 하나님의 평강은 그리스도를 주로 믿는 이들에게 주어지는 주권적이고 은혜로운 선물이며 참된 평강은 우리를 구원하시는 하나님의 은혜의 선물이라고 합니다. 셋째, 평강은 계속해서 주어집니다. 우리의 영적인 평강을 방해하는 것은 바로 우리 자신입니다. 넷째, 평강은 환경의 영향을 받지 않습니다. 평강은 세속의 영역에서 일어나는 그 어떤 일에도 영향을 받지 않습니다. 성도 여러분, 예수 그리스도 안에서 하나님이 주시는 하나님의 평강을 알며 누리며 오늘을 살아가십니까?

예수님께서 성경을 통하여 제자들에게, 그리고 인류와 우리에게 주신 하나님의 말씀입니다. "나의 평안을 너희에게 주노라." 항상 기억하시며 살아가시기 바랍니다. 내 안에 평안이 없어 근심하고 좌절하며 두려워하고 절망할 때 이 말씀을 기억하시기 바랍니다. "나의 평안을 너희에게 주노라." 평안, 평화, 평강, 화평은 동의어입니다. 이 평강은 하나님의 선물입니다. 그래서 주께서 말씀하십니다. "나의 평안을 너희에게 주노라." 이 평강의 비밀을 알지 못하면 잘못된 인생을 살며 원망과 불평과 근심 중에 살아갈 수밖에 없습니다.

안타깝게도 기독교도서 중에서 이 평강의 비밀을 잘못 이해해 다른 방식으로 평강을 구하는 내용을 설명하는 것을 자주 봅니다. 간단히 얘기하면 두 가지를 항상 강조합니다. 명상을 통해서 평강을 얻어야 한다고 합니다. 그런데 가만히 생각해 보면 그런 명상은 불교의 명상을 말하는 것이요, 심리학적 명상을 말합니다. 그러나 그곳에는 하나님의 평강이 없습니다. 또한 호흡법을 통해서 큰 숨을 들이마시고 내쉬는 과정을 통해 마음의 여유를 갖고 평화를 얻을 수 있다고 합니다. 하지만 이것도 아주 일시적이고 임시적입니다.

하나님의 평화는 그런 종류가 아닙니다. 그래서 예수님께서 오늘 말씀하십니다. "내가 너희에게 주는 것은 세상이 주는 것과 같지 아니하니라." 하나님의 자녀로 평강을 원하고 평강의 삶을 지향하면서 예수 그리스도를 떠나 엉뚱한 데서 헤매고 다니면 안 됩니다. 또한 불안에 떨어도 안 됩니다. 예수님이 주시는 평화는 세상이 주는 것과 같지 않다고 말씀하십니다. 세상의 방식이나 종교적인 방식이 아니라고 말씀하십니다. 그러니 더 이상 속고 살면 안 됩니다.

지금 제자들은 예수님께서 수난을 예고하시며 곧 십자가에서 죽으실 것을 말씀하셨기에 무척 슬퍼하고 있습니다. 큰 충격 속에 있습니다. 십자가의 죽음이 무엇을 말하는지를 알고 있기 때문입니다. 그 무서운 형벌을 지시겠고, 이제 곧 하나님 아버지께로 돌아가니 제자들과 함께할 수 없다는 선언에 모든 것이 무너지며 근심합니다. 두려움 속에 사로잡힙니다. 그래서 예수님께서 십자가 지시기 전날 요한복음 14장부터 계속해서 근심의 이유가 무엇인지, 또 어떻게 근심을 해결할 수 있는지 복음의 비밀을 말씀해 주십니다.

첫 번째 이유는 믿음의 문제입니다. "근심하지 말라. 하나님을 믿으니 또 나를 믿으라"(1절). 온전한 믿음이 없기 때문에 불안해하며 근심에 떠는 겁니다. 그리고 더 적극적인 의미를 말씀합니다. "나의 평안을 주노라." 사람들은 믿음의 선물인 평안이 없어 그 자리에 두려움과 근심과 좌절과 걱정으로 가득 차 있습니다. 예수님께서 이 말씀을 하실 때가 언제입니까? 잠시 후면 십자가의 죽음을 직면해야 하는 상황입니다. 십자가에서 피 흘림, 수치, 고통, 심판과 같은 것을 그대로 맞아야 하는 상황에서 주께서 말씀하십니다. "나의 평안을 너희에게 주노라."

성도 여러분, 이것이 기독교요 이것이 복음입니다. 지금 예수님께서 하늘 위에 계시면서 세상과 아무 상관없이 '나의 평안을 너희에게 준다'고 추상적으로 말씀하시는 것이 아닙니다. 이 땅에 오셔서 세상에서 가장 고통스러운 사건을 겪으시는 그 과정에서 예수님은 평안을 누리셨습니다. 마음에 평강이 있었습니다. '그 비밀을 알려주노라. 나의 평강을 너희에게 주노라.' 예수님의 선언입니다. 이것이 하나님의 평강이요, 평화입니다. 즉 환경이나 조건과 아무 상관이 없습니다. 성도 여러분, 이 평강을 누리며 살아가십니까? 정말 하나님의 평안을 누리며 감사하면서 오늘을 살아갑니까? 이것이 복음입니다. 십자가의 사건 앞에서 말씀하십니다. "나의 평안을 너희에게 주노라."

복음이 주는 평안의 은총

예수님이 하신 말씀을 좀 더 생각해 봅시다. 예수님은 지금 하나님의 평강을 알고 그 평강을 누리고 있다고 말씀하십니다. 이런 죽음의 위기와 고통 속에서도 그 평강을 잃지 않았다고 하십니다. 그리고 그 평강을 주겠다고 말씀하십니다. 오직 복음만이, 예수 그리스도와 하나님 나라만이 우리에게 평안과 평강을 줄 수 있다는 사실을 항상 기억해야 합니다. 이것은 절대 진리입니다. 오직 복음만이 줄 수 있는 은총입니다. 그래서 세상은, 또한 종교는 기독교의 복음을 배타적이라고 비난하며 공격합니다. 당연합니다. 다툴 거 없습니다. 오직 복음이기 때문에 항상 배타성이 있을 수밖에 없습니다. 유일한 복음이기에 비난받고 조롱받을 수밖에 없습니다.

이 세상의 모든 염려와 근심과 불안, 좌절과 죄책감과 두려움의 해결책은 오직 복음입니다. 복음을 믿음으로 이것을 해결하고, 복음이 주는 평강으로 넉넉히 이길 수 있습니다. 여기에 성령의 역사가 있습니다. 주께서 성령의 역사를 말씀하시면서 나의 평안을 주겠다고 말씀합니다. 그 성령께서 예수님의 말씀을, 예수 그리스도의 복음을 깨닫게 하시고 삶의 정황 속에서 생각나게 하시며 또 적용하게 하십니다. 그리고 그 평안을 누리게 하신다는 것을 항상 기억해야 합니다. 이는 그리스도인만의 특권입니다.

종교개혁자 마르틴 루터는 1521년 보름스 의회에서 종교

재판을 받습니다. 당시 종교 재판은 교황 앞에서 받는 것으로, 여기서 유죄가 밝혀지면 화형이라는 무서운 형벌에 처해집니다. 그렇기에 루터는 심한 불면증에 시달렸다고 고백합니다. 교황으로부터 엄습하는 죽음의 그림자와 극심한 심리적 압박감 때문에 잠을 평안히 잘 수가 없었습니다. 그래서 루터는 그 당시 이렇게 기도하며 잠자리에 들었다고 합니다. "하나님, 저는 누구의 것입니까?" 하나님께서 그에게 말씀하셨습니다. "그야 나의 것이지." "그러면 제 아내는 누구의 것입니까?" "네 아내도 나의 것이란다." "그러면 제 자녀들은 누구의 것입니까?" "그들도 나의 것이란다." 그때 루터는 이렇게 고백합니다. "하나님, 모든 것이 하나님의 것이므로 하나님께 맡기고 저는 편히 자렵니다." 그리고 평안히 잠을 잘 수 있었다고 합니다. 성령께서 사랑하시는 하나님의 자녀에게 편안한 잠을 주시고 평안한 마음을 주시며 평강의 삶을 살도록 우리를 인도하십니다.

성도 여러분, 예수님이 누리고 계신 놀라운 하나님의 평강과 평안을 어떻게 해야 나의 것으로 만들고 지속적으로 그 평강의 삶을 살아갈 수 있습니까? 구체적으로 어떻게 해야 그 평강의 증인으로 오늘을 살아갈 수 있습니까? 성경은 대답합니다. 먼저는 오직 은혜입니다. 평강은 은혜의 선물입니다. 선물을 받지 못한 자는 평강을 누리지 못합니다. 아무리 애쓰고 노력해도 그것은 선물이 아닙니다. 하나님의 평강은 하나님의 은혜로, 선물로 주십니다. 그 은혜를 받는 그릇은 오직 믿음입니다. "나의 평강을 너에게 주노라." 그대로 믿어야 합니다. 믿는 만큼 그 평강을 소유한 사람으로 오늘을 살아가게 됩니다. 다른 평강의 길은 없습니다. 이것이 기독교의 선포입니다.

하나님의 의로부터 나오는 평강

좀 더 적극적으로 말씀드리면, 그 평강은 항상 하나님의 의로부터 나옵니다. 하나님의 의가 내 안에 없다면, 아무리 철야 기도하고 내 몸을 불사르게 내어주는 구제 활동을 해도 누릴 수 없습니다. 평강은 하나님의 의로 말미암은 선물입니다. 성경은 악인에게는 평강이 없다고 말씀합니다. 여기서 악인이란 불신자를 말합니다. 자신의 의를 좇고 교만하며, 성공 지향적이고 세상 중심의 삶을 살아가는 사람, 하나님을 경외하지 않는 사람에게는 평강이 없다고 말씀하십니다. 주변을 돌아보십시오. 항상 그렇습니다. 그래서 먼저 회개해야 합니다. 죄 중에 있는 사람, 죄와 함께 있는 사람은 진정한 평안을 누릴 수가 없습니다. 십자가의 복음만이 우리에게 죄 사함의 은총과 하나님의 의를 선물로 줍니다. 이 복음을 믿어 하나님의 의의 결과로 내게 평강이 임합니다.

또한 하나님과 화평해야 합니다. 그 평강이 지속되려면 하나님과 화평하고 하나님과 바른 관계를 맺는 삶을 살아야 합니다. 그래야 내 안에 하나님의 평강이 임합니다. 모든 그리스도인은 하나님과 화평한 사람이 되었습니다. 그러나 하나님의 평강은 차원이 다릅니다. 하나님의 평강은 더 깊은 차원에서 하나님께서 주시는 선물입니다. 하나님께 영광 돌리는 사람에게, 하나님을 아는 지식을 갈망하는 사람에게, 오직 하나님만을 소망하는 사람에게 하나님께서 주시는 선물입니다. 그때 우리는 하나님의 평강을 누리게 됩니다. 무엇보다 중요한 것은 예수 그리스도 안에 있어야 합니다. 오직 예수 그리스도와 연합한 상태에서만 예수님이 주시는 평강을 누릴 수가 있습니다. 그래서 주께서 말씀합니다. "내가 너희 안에 너희가 내 안에 있으리라." 믿음으로 연합한 관계에서만 지속적으로 그 평강을 맛보며 평강의 삶을 살아가게 됩니다.

성도 여러분, 거듭난 그리스도인에게는 둘 중 하나만 있을 뿐입니다. 오늘의 인생은 항상 둘 중에 하나를 결단해야 합니다. 예수 그리스도 안에 있느냐, 아니면 밖에 있느냐를 말입니다. 중간은 없습니다. 예수 그리스도와 연합하며 살아가느냐,

아니면 별개로 살아가느냐 둘 중 하나입니다. 중간의 길은 없습니다. 성령께서는 항상 하나님의 자녀로 하여금 예수 그리스도로 가게 하며 예수 그리스도와 연합하게 하십니다. 그의 마음과 생각을 본받는 사람으로 오늘을 살게 하십니다. 그리고 그 안에서 성령의 열매를 맺게 하십니다. 그 안에 평강이 있습니다.

미국의 39대 대통령인 지미 카터는 한평생 하나님을 경외하는 하나님의 사람이었습니다. 2015년 초, 간암이 뇌에 전이되어 시한부 판정을 받게 됩니다. 많은 사람이 염려하는 중에 기자들이 그의 심경을 물었습니다. 그는 여느 때와 다름없이 환한 미소를 띠고 이렇게 대답했다고 전해집니다. "어느 때보다 솔직하게 말씀 드리자면 제게 어떤 일이 일어나더라도 평안하게 받아들일 자세가 되어 있습니다. 지금 무슨 일이 닥쳐도 나는 완전히 평안합니다. 이제 나의 생명은 하나님의 손에 달려 있다고 확실히 느낍니다. 그동안 멋진 삶이었습니다."

성도 여러분, 하나님의 평강을 소유하지 못한 사람은 항상 불안과 좌절과 두려움, 걱정 속에 살아갈 수밖에 없습니다. 그 평강이 없이는 하나님이 주시는 어떤 은총도, 내가 자랑하는 그 무엇도 누릴 수도 또 즐길 수도 없습니다. 평강의 중요성을 알며 이 중요성을 인식하게 하는 역경과 시련을 깊이 생각해야 합니다. 그리스도인은 무엇이 내게 진정한 평안을 주며 어떻게 해야 그 평강을 소유한 사람으로 살지를 분명히 알고 오늘을 살아가는 사람입니다. 내게 평강과 평안을 주는 것은 오직 복음입니다. 그래서 복음의 포로가 되기를 갈망하며 복음의 사람으로 오늘을 살아가기를 기도하고 성령의 도우심 속에 담대한 인생을 살아가게 됩니다.

떨며 두려워하던 제자들은 성령이 그들에게 오고 나서야 드디어 복음의 비밀과 평강의 비밀을 알게 됩니다. 그들에게 닥친 것은 온갖 박해와 비난이며 정죄입니다. 때로는 전쟁과 기근이 있고 질병과 고통이 있었다고 성경은 기록합니다. 그러나 그들 모두가 비로소 평강의 삶을 살기 시작합니다. 주와 함께 함으로 살아 계신 그리스도를 소망합니다. '평안을 네게 주노라'는 예수님의 약속의 말씀이 내게 성취됨을 확증하며 이 일의 증인으로 승리의 삶을 살아가게 됩니다. 오직 거듭난 그리스도인뿐입니다. 천국 백성만은 성령께서 그리스도와 함께하며 그리스도 안에서 하나님의 평강을 알며 누리며 오늘을 살게 주의 길로 인도하십니다.

성도 여러분, 주께서 오늘 말씀하십니다. "나의 평안을 너희에게 주노라. 나의 평안을 사랑하는 하나님의 자녀에게 주노라." 이 복음을 붙들고 복음을 묵상하며 복음의 수혜자로 복음의 평강을 누리면서 하나님께 영광 돌리는 삶을 살아가야 할 것입니다.

전지전능하신 은혜의 하나님, 이 험악한 환난과 시련이 많은 세상 속에 살지만 그럼에도 불구하고 오직 복음의 비밀을 아는 자로, 복음의 선물인 평강을 소유한 자로 하나님의 평강을 누리며 세상이 줄 수 없는 그 평강의 기쁨 속에 하나님과 교통하며 하나님만을 소망하며 오늘을 살게 하심을 진심으로 감사드립니다. 평강의 비밀을 알지 못하는 이 어두운 세상을 불쌍히 여겨 주옵소서. 이 시련 속에서 평강의 비밀을 알고 평강을 사모하는 마음을 주시사 참 평강이신 예수 그리스도께 나오는 구속의 역사가 나타나게 하여주옵소서. 성령이시여, 거듭난 하나님의 자녀로 하여금 이 평강의 복음 속에 담대한 인생을 살게 하심을 진심으로 감사드립니다. 이 일의 증인으로, 복음의 증인으로, 평강의 삶의 증인으로 승리하는 삶을 살아갈 수 있도록 지켜주옵소서. 우리 주 예수 그리스도의 이름으로 간절히 기도드리옵나이다. 아멘.

07

근심이 도리어
기쁨이 되리라

예수께서 그 묻고자 함을 아시고 이르시되 내 말이 조금 있으면 나를 보지 못하겠고 또 조금 있으면 나를 보리라 하므로 서로 문의하느냐 내가 진실로 진실로 너희에게 이르노니 너희는 곡하고 애통하겠으나 세상은 기뻐하리라 너희는 근심하겠으나 너희 근심이 도리어 기쁨이 되리라 여자가 해산하게 되면 그 때가 이르렀으므로 근심하나 아기를 낳으면 세상에 사람 난 기쁨으로 말미암아 그 고통을 다시 기억하지 아니하느니라 지금은 너희가 근심하나 내가 다시 너희를 보리니 너희 마음이 기쁠 것이요 너희 기쁨을 빼앗을 자가 없으리라

— 요한복음 16:19-22

07

근심이 도리어 기쁨이 되리라

심리학에서 주로 사용하는 '회복 탄력성'(Resilience)이라는 용어가 있습니다. 시련이나 고난을 이겨내는 힘을 뜻하는 것으로 제자리로 돌아오게 하는 힘을 의미합니다. 하버드 비즈니스 리뷰에서 회복 탄력성이 높은 사람이 가진 공통점 세 가지를 제시했는데, 함께 생각해 보시기 바랍니다.

첫째는 현실을 직면하는 능력이 있습니다. 그래서 지금 상황을 잘 이해하고 있는지 끊임없이 질문합니다. 사람은 모든 것이 결국 잘될 것이라는 낙관론이 역경을 이겨낸다고 생각합니다. 하지만 중요한 것은 그런 것이 아니라, 현실 감각을 왜곡하지 말아야 한다는 것을 알려줍니다.

두 번째는 삶과 역경에서 끊임없이 의미를 찾아내는 능력을 갖고 있습니다. 어떤 사람은 고난이 찾아오면 모든 것을 포기한 채 주저앉아 울어 버리고, 때로는 스스로를 희생자나 피해자로 여기며 자신이 겪는 고난 속에서 어떤 교훈도 찾지 못합니다. 그러나 고난 속에 숨겨진 의미를 찾아내 자신의 능력을 더 높은 단계로 끌어올릴 때 회복 탄력성이 높아진다고 합니다.

세 번째는 현재 상황에서 최선의 결과를 만들어내는 능력이 있습니다. 다른 이들이 높은 벽에 부딪혀서 주저앉는 사이에 무엇이라도 시도해서 해결책을 가져오는 이들은 회복 탄력성이 높다고 설명합니다.

성도 여러분, 이처럼 시련과 고난을 이겨내는 힘을 가지려면, 그리고 회복 탄력성을 높이려면 무엇보다 바른 역사의식이 중요합니다. 이것을 잊어서는 안 됩니다.

신앙 안에서 역사의식의 중요성

우리는 역사 안에서 세상 속에 살고 있습니다. 추상적 지식은 실제적인 힘이 되지 못하는데, 역사의식을 갖고 인생과 세상이 무엇인지 알 때 고난을 극복하는 의미를 찾는 힘과 능력을 갖게 됩니다. 우리는 짧은 인생을 살아가지만 역사는 길게 반복됩니다. 그래서 역사는 우리에게 인생이 무엇인지를 알려주는 지혜가 있습니다.

그리스도인은 믿음의 사람입니다. 믿음으로 시작하며 믿음으로 보기에, 오직 하나님을 믿음으로 하나님의 역사를 인식합니다. 역사 안에서 하나님이 행하신 일을 보며 승리하는 삶을 살아가게 됩니다. 성경이 바로 그런 책입니다. 역사의 시작과 끝을 알려주며 하나님의 역사 안에서 개인과 민족, 나라가 어떠한 삶을 살아가야 하는지 알려줍니다. 무엇이 형통한 삶이요 무엇이 멸망하는 삶인지, 또 무엇이 지혜로운 삶이고 무엇이 고통의 삶인지를 명백하게 사건으로, 역사로 우리에게 계시해 줍니다.

필립스 브룩스 목사의 일화입니다. 어느 날, 그의 집에 친한 친구가 방문해서 보니 조급하게 실내를 왔다 갔다 하면서 뭔가 큰 근심이 있는 것 같아 물었습니다. "무슨 문제가 있나 브룩스?" 그랬더니 브룩스 목사가 이렇게 대답했답니다. "문제가 다분하지. 나는 서두르는데 하나님은 그렇지 않기 때문이야." 깊은 의미가 있습니다.

인간의 모든 근심과 걱정, 불안과 좌절과 두려움은 하나님에 대한 불신앙이요, 하나님의 역사를 인식하지 못해서 시작되는 것입니다. 하나님은 하나님의 일을 해 나가시는데 하나님의 사람들이 왜 조급하고 절망하는 것입니까? 하나님을 알지 못하기 때문입니다. 하나님의 사람 마틴 로이드 존스 목사의 저서 『위기의 그리스도인』(*The Christian in an Age of Terror*)은 그리스도인의 역사 인식에서 반드시 우선시 되어야 할 원리 두 가지를 성경적으로 제시하고 있습니다. 함께 생각해 보시기 바랍니다.

역사에 대한 참된 지식을 갖는 첫 번째 단계는 하나님을 아는 것이라고 합니다. 하나님을 배제한 역사는 무의미하므로 먼저 하나님을 바라보는 것으로부터 출발해야 합니다. 즉 나와 역사의 관계보다 더욱 중요한 것은 나와 하나님의 관계입니다. 그러므로 우선적으로 중요한 건 우리의 역사가 아닌 하나님과 우리의 관계를 명백하게 알아야 한다는 것입니다. 왜냐하면 궁극적으로 영원한 심판자이신 하나님 앞에 인류가 대면해야 하기 때문입니다.

두 번째로 역사를 포함한 모든 것들이 하나님으로부터 시작되고 하나님 아래에 있으며 하나님에게서 끝난다는 것을 항상 상기해야 한다고 합니다. 하나님은 모든 역사의 배후에 계십니다. 모든 것의 창조주이시며 역사의 창설자이십니다. 역사조차도 하나님께 예속되어 있습니다. 역사를 시작하신 분이 하나님이시며 그것을 끝내실 분도 하나님이십니다. 성도 여러분, 여러분은 이러한 하나님의 역사에 대한 확신을 가지고 믿음으로 오늘을 살아가고 있습니까? 그 사람이 바로 하나님의 사람입니다.

역사의식이라는 것은 간단히 말씀 드리면 과거와 현재와 미래의 한 부분에 대한 이해가 아니라, 전체를 보는 지식과 지혜를 의미합니다. 부분 부분은 전체 안에 있는 요소입니다. 그러므로 부분을 통하여 전체를 볼 때, 그 부분에 대한 의미를 바르게 해석할 수 있습니다. 하나님의 역사는 창조부터 종말까지입니다. 그것이 성경의 역사입니다. 하나님만이 창조주시고 구원자며 역사의 주인이시기에 하나님의 구원과 심판이 역사 속에 진행되고 있음을 사건으로 명확하게 기록하고 있습니다.

구원을 한번 생각해 보시기 바랍니다. 구원의 본질이 무엇입니까? 우리는 구원을 자꾸 부분 부분으로 생각합니다. 어느 시간에 예수를 믿었고, 예수를 구주로 고백했으며 어떤 사건이 잘됐다는 식으로 말입니다. 그처럼 한 가지 사건을 잡아 생각합니다. 물론 그것도 틀린 것은 아니지만, 그렇게 해서는 부분적인 구원에 대한 인식을 가질 뿐입니다. 구원은 전 생애를 말합니다. 하나님의 구원은 인류 역사 전체를 의미하는 것이요, 개인으로는 전 생애를 통해서 확증되는 것입니다. 그래서 역사의식이 중요한 것입니다.

예를 들어, 구약성경에서 사울은 하나님께 택함 받아 왕으로 40년을 통치했습니다. 그의 인생의 부분들은 왕이기 때문에 참 부럽습니다. 훌륭한 면도 많고 훌륭한 업적도 있습니다. 그러나 전체로 보면 망한 인생이며 구원받지 못한 인생입니다. 불신앙의 삶을 살다가 결국은 하나님의 심판 아래서 자기는 물론 가문 전체가 멸망합니다. 사울의 인생 전체를 봐야 합니다. 또한 가룟 유다는 예수님께서 택한 제자요, 3년을 함께 있었습니다. 한 부분만을 보면 똑똑하고 선택받은 사람이며 열정도 있습니다. 하지만 전체를 보면 하나님의 심판 아래 결국 자살한 사람이요, 멸망한 사람입니다.

저명한 역사가 찰스 베어드 박사는 한평생 역사를 연구한 사람입니다. 그는 아주 쉬운 꽃과 벌의 비유로 역사를 정의하며 설명해 줍니다. 즉 역사는 벌이 꽃 속에 들어가서 꿀을 빨아내는 행위와 같다는 것입니다. 그런데 꽃의 입장에서 보면 벌이 꽃에 가서 꿀을 따먹는 행위는 도적질입니다. 허가받지 않았기 때문입니다. 그런데 이 도적질을 통해서 결국 꽃의 술이 이곳저곳 옮겨지면서 더 큰 역사가 진행됩니다. 도적질하는 것 같으나 벌은 꽃을 위하여 심부름을 하고 있다는 겁니다. 그런데 자기 자신은 모릅니다. 이처럼 세상에 수많은 도적질이 있습니다. 하나님의 것을 침략하고 도적질합니다. 폭력과 전쟁과 강도와 재난과 질병이 있습니다. 악이 있습니다. 그런데 그게 다가 아닙니다. 그러한 도적질과 같은 사건을 통해 하나님께서 더 큰일을 행하십니다. 하나님의 역사는 이와 같다고 우리에게 알려주고 있습니다.

십자가를 통해 본 하나님의 역사

성도 여러분, 하나님의 역사는 하나님의 구원과 심판으로 하나님의 뜻대로 되는 역사를 말합니다. 이것은 추상적인 것이 아니라, 세상과 역사 안에 그리고 우리 삶에 나타난 것입니다. 하나님의 진노 속에서 말입니다. 세상은 하나님을 무시하고 하나님을 경외하지 않습니다. 하나님의 진노가 내리는데, 하나님께서 내버려 두십니다. 그러나 그 속에서 하나님의 구원의 역사가 동시에 나타납니다. 죄의 심판 속에서 하나님의 은혜와 사랑이 명백하고 뚜렷하게 계시되고 진행된다는 사실을 알아야 합니다.

성도 여러분, 그 사건의 궁극이 십자가입니다. 예수님의 십자가의 사건은 하나님의 진노 속에 나타난 하나님의 구체적 사랑과 은혜의 계시입니다. 그것을 우리는 복음이라고 합니다. 그 은혜와 보호하심을 받을 자격이 없는데, 하나님의 뜻대로 하나님의 강권적 은혜를 펼치셔서 이 세상 속에서 하나님의 뜻을 계속해서 이루어 나가십니다. 그리스도인은 이러한 역사의식을 가져야 합니다. 이런 복음적 역사의식 속에서 믿음으로 생각하며 하나님의 역사를 체험하고 갈망하며 담대한 인생을 살아 나가야 합니다.

오늘 성경 본문을 통해 예수님께서 십자가를 지시기 전날 밤, 자신이 갖고 있는 복음적 역사의식을 명백하게 알려주고 있습니다. 이 상황에 대한 설명을 가만히 들여다보면 참 난센스입니다. 왜냐하면 예수님 혼자만 알고 계시고, 예수님 홀로 소망하고 계시기 때문입니다. 예수님의 제자는 예수님과 3년 동안 함께했고, 반복해서 하시는 예수님의 말씀을 분명히 들었습니다. 그러나 듣고 싶은 것만 들었습니다. 믿고 싶은 것만 믿은 것입니다. 그래서 어떤 상황이 벌어지는지를 모릅니다. 단지 현재적 상황과 부분에 집착하며 근심하고 있습니다. 그 당시의 인류는 모두 그와 같은 상태였습니다. 예수님이 보시는 것을 보지 못하고, 예수님이 아시는 것을 알지 못합니다. 기뻐하는 것을 기뻐하지 못하는 것입니다. 왜냐하면 내버려 두시기 때문입니다. 하나님의 진노 아래 있었기 때문입니다.

십자가 사건을 생각해 보십시오. 세상의 관점에서 보면 단지 의인이 죽은 사건입니다. 실패한 사건이고 형벌의 한 가지 종류에 해당할 뿐입니다. 그러나 십자가는 하나님의 뜻이 이루어지고 하나님의 진노 속에 하나님의 은혜가 나타난 사건입니다. 하나님의 구원과 심판이 명백하게 나타난 복음 중의 복음입니다. 그런데 그 사실을 예수님만 알고 계신 것입니다. 3년 동안 가르쳤어도 제자들이 알지 못했습니다. 또 인류가 알지 못했습니다. 예수님만 홀로 알고 생각하는 중에 하나님을 찬미합니다. 동시에 며칠 있으면 예수님께서 부활하십니다. 분명히 예고했고 말씀하셨지만 제자들은 알지 못합니다. 추상적으로만 받아들입니다. 그러다 보니 이들의 믿음 자체가 추상적이요, 하나님의 역사를 믿지 않았습니다. 말로만 믿고 마음으로 무엇보다 삶으로 믿지 못한 것입니다. 그래서 두려워하고 있는 것입니다. 부활은 최종 계시입니다. 모든 인류가 부활해서 최후의 심판을 받아야 합니다. 하나님 앞에서 지옥과 천국의 갈림길에 서야 되는 것입니다. 그런데 알지 못합니다. 예수님 홀로만 알고 계신 것입니다.

이제 예수님께서 사랑하는 제자들에게 근심으로 가득 찬 그들에게 말씀하셨습니다. "조금 있으면 나를 보지 못하겠고 또 조금 있으면 나를 보리라." '조금 있으면 나를 보지 못하겠고'는 십자가의 죽음을 말씀하는 것이고 '또 조금 있으면 나를 보리라'는 부활을 말씀하는 것입니다. 그런데 제자들은 알지 못합니다. 아예 들으려 하지도 않습니다. 왜냐하면 현실에 잡혀 있기 때문입니다. 그들이 보는 현실은 예수님이 십자가에 죽으실 것이라는 것과 그로 말미암아 예수님이 우리와 함께하지 못한다는 사실입니다. 그 다음에 이제 종교 지도자들이 자신들을 박해할 것이라는, 그 눈앞의 현실에 매여서 두려워하며 근심 속에 있습니다. 그 속에서 의미도 찾지 못하고 살아 계신 하나님은 이미 죽은 하나님이 되어버렸고 하나님의 역사가 추상적이 되고 말았던 것입니다.

성도 여러분, 십자가 사건은 세상에서 가장 악한 사건입니다. 이보다 더 악한 사건이 없습니다. 하나님의 아들을 죽인 사건입니다. 의인을 공개적으로 십자가에 매달아 놓고 박수치며 즐긴 사건입니다. 십자가는 고통이요 수치이며 피 흘리며 죽는 죽음입니다. 악인의 형통입니다. 말도 안 되는 인위적이며 모순적인 사건, 생생한 역사적인 사건입니다. 그런데 그 속에서 하나님이 역사하시고 계십니다. 이걸 아는 것이 하나님의 사람입니다. 믿음의 사람이요, 거듭난 하나님의 사람입니다. 그 속에서 도적질하는 악한 상황이지만, 그 배후에 역사의 주인이신 하나님께서 계시며 하나님의 뜻대로 하나님의 뜻을 펼치시는 사건이라는 것을 알아야 합니다. 그런데 제자들은 무지했습니다. 뿐만 아니라 인류가 무지해서 근심과 고통, 불신앙 속에 살아갈 수밖에 없는 것입니다.

신앙 안에서 전체를 본다는 것

이때 예수님께서 "조금 있으면"이라고 말씀하시는데, 이것이 무슨 의미입니까? 단지 시간적으로 '조금 있으면'이 아닙니다. 단순히 조금 있으면 이것은 끝나고 또 조금 있으면 다른 상황이 펼쳐진다는 그런 것이 아닙니다. 그런데 제자들은 조금 후의 현실에 사로잡혀 이성이 무너지고 감성과 인격 그리고 신앙도 무너집니다. 살아 계신 하나님, 창조주 하나님도 추상적이 되어 버립니다. 제자들은 근심에 사로잡히고 맙니다. 그러나 예수님은 믿음의 생각으로 충만해서 하나님의 역사를 보고 계십니다. 하나님의 역사를 명백하게 체험하고 계십니다. 하나님의 역사 속에 십자가의 사건이 있는 것입니다. 하나님이 허락하지 않으면 그 사건은 없는 것입니다. 그 속에서 적극적으로 하나님은 역사하십니다. 그리고 며칠 후면 부활의 사건이 있는 것입니다. 새로운 미래를 열어 가십니다. 예수님은 하나님의 역사를 보고 계십니다. 전체를 보고 계십니다. 이 전체를 주장하시고 하나님의 뜻대로 행하신 그 하나님을 소망하며 살아가시기에 마음의 평안과 기쁨이 있었습니다.

성도 여러분, 하나님은 역사의 주인이십니다. 한 부분만 보고 하나님이 살아 계시느니 아니니, 하나님은 뭐하고 계시느냐는 식으로 생각하면 안 됩니다. 하나님은 역사의 주인이십니다. 성경이 증거하고 역사가 말해 줍니다. 순교자들을 생각해 보십시오. 초대교회 성도들은 예수님을 믿었다는 이유로 원형경기장에 끌려가서 사자의 밥이 됩니다. 얼마나 비참한 사건입니까? 정말 악한 상황입니다. 그러나 그들은 서로 서로 말합니다. 어린 자녀에게 말합니다. '조금 있으면 새 시대가 열리리라. 잠깐만 있으면 영광의 세계로 하나님께로 나아가리라.' 그리고 믿음으로 승리합니다. 왜냐하면 하나님은 살아 계시고 이 순간도 우리와 함께하시는 것을 믿었기 때문입니다.

　그래서 예수님께서 말씀하십니다. "너희 근심이 도리어 기쁨이 되리라." 복음입니다. 쉽게 말하면 전화위복이 되리라는, 대역전이 일어나리라는, 큰 변화의 사건이 일어나리라는 말씀입니다. 현재는 고통과 시련 속에 있지만, 그 속에서 하나님의 역사를 깨닫고 하나님의 은혜를 체험하리라는 것입니다. 하나님의 평강과 기쁨을 누리는 그날이 오리라고 말씀하십니다. 그러면서 아주 쉬운 예로 비유를 하나 드십니다. 곧 해산의 고통을 말씀하십니다. 해산을 앞둔 여인은 많은 근심 속에 있습니다. 그런데 출산하고 나면 그 생명의 기쁨으로 인해서 이전의 고통과 근심을 기억조차 하지 않습니다. 지금 십자가와 부활을 통해서 하나님의 역사를 우리에게 계시해 주고 계십니다. 우리가 정말 하나님의 역사를 알았다면, 이 모든 걸 통해서 하나님의 뜻이 이루어지는 것을 알았다면, 진정 부활의 영광이 있는 것을 알았다면 이 십자가의 고통과 시련 그리고 악인의 형통은 잠깐 있으면 지나가는 것입니다. 그 속에서 하나님이 역사하시니 더 큰 하나님의 역사를 이루시는 하나님을 바라보라고 주께서 말씀하십니다.

성도 여러분, 이 세상의 역사를 생각해 보시기 바랍니다. 항상 고통과 질병, 좌절과 시련과 불의와 폭력 또 박해와 전쟁이 있었습니다. 앞으로도 있을 것입니다. 계속 될 것입니다. 이 모든 것의 원인이 무엇입니까? 인간의 책임입니다. 죄의 결과입니다. 하나님이 없다고 하고 하나님을 경외하지 않는 그들은 하나님이 그냥 내버려 두시니 제멋대로 삽니다. 마치 탕자가 아버지의 품을 떠나서 허랑방탕하게 제멋대로 살다가 고통과 수치와 멸망의 삶을 직면하듯이 내버려둔 삶을 삽니다. 인류의 현주소는 바로 이러한 재난과 역경과 질병과 고통입니다. 그러나 그 속에서조차 하나님께서는 하나님의 구원의 역사를 펼치십니다. 구원과 심판의 역사를 이루시며 하나님의 자녀를 새롭게 하십니다. 하나님께 나오게 하시며 하나님의 은혜 안에 주의 백성을 항상 두십니다.

이런 재미난 얘기가 있습니다. 마을에 혼자 살며 꽃을 파는 할머니가 계셨는데, 사람들은 얼마나 외롭고 고독하실지 항상 걱정했습니다. 그런데 이 할머니는 얼굴에서 웃음이 떠나지 않는 것입니다. 그래서 마을 사람들이 물어 봤습니다. "할머니, 어떻게 이렇게 항상 웃으면서 생활하세요?" 할머니의 대답입니다. "왜 난들 두려움이 없겠어? 고독하고 외로울 때도 있지. 그런데 내가 웃으며 살 수 있는 것은 우리 예수님 덕분이야. 예수님께서 죽음의 고통을 이기시고 3일 만에 부활하셨듯이 나에게 고통이 있을 때마다 '3일만 참자, 3일만 기다리자'고 말하고 그렇게 생각하다 보면 내 마음의 기쁨과 소망이 넘쳐. 그래서 웃고 사는 거야."

예수 그리스도 안에서 누리는 기쁨

성도 여러분, 예수 그리스도의 십자가와 부활에 집중하며 하나님의 역사에 대한 확신을 가질 때 아무리 내게 시련과 역경과 고통이 있다 하더라도 그 속에서 하나님을 찬미하며 하나님의 평강을 누리는 삶이 나타나게 됩니다. 그래서 예수님께서 말씀하십니다. "너희 기쁨을 빼앗을 자가 없느니라." 왜냐하면 이 기쁨은 세상이 주는 기쁨이 아니기 때문입니다. 세상에서 무엇인가 성공해서 이루는 그런 기쁨이 아닙니다. 영적인 기쁨입니다. 하나님 나라의 기쁨입니다. 또한 이 기쁨은 예수 그리스도 밖에서 스스로 삶의 주인이 되어 멋대로 살아가는 가운데 누리는 그러한 기쁨이 아닙니다. 이 기쁨은 예수 그리스도와 연합하는 믿음의 생각으로 나타나는 소망의 기쁨이기에 빼앗을 자가 없습니다.

이 기쁨은 인류가 무엇인가를 이루고 성취함으로 얻는 그런 기쁨을 말하는 게 아닙니다. 그건 잠시 잠깐입니다. 그 속에 또 혼란과 근심과 두려움이 있습니다. 그러나 이 기쁨은 비로소 하나님의 뜻대로 되어가는 것, 사람의 눈으로 보기에는 그렇지 않은 것 같으나 그 속에서 하나님의 역사와 은혜와 사랑이 나타나고 그것을 알고 체험함으로 얻는 기쁨을 말합니다. 예수님께서는 너희가 내 제자이기에 이 복음의 비밀을 알고 복음의 사건을 체험함으로 이 기쁨을 빼앗을 자가 없다고 하십니다. 그리고 그 말씀대로 계속 진행되는 것입니다. 성령의 역사는 바로 이것입니다. 하나님의 역사 전체를 보며 성경으로 하나님의 역사에 대한 이해와 확신을 가지므로 예수 그리스도 안에서 세상이 보지 못하는 걸 보고 알지 못하는 것을 알며 체험하지 못한 것을 체험합니다. 그 기쁨과 평화는 세상이 빼앗아 갈 수 있는 것이 아닙니다.

코리 텐 붐 여사와 가족의 실화를 바탕으로 만들어진 〈나치의 그늘〉이라는 영화가 있습니다. 그녀의 가족은 유대인이 아닌데도 불구하고 유대인을 적극적으로 도왔다는 이유로 잡혀 수용소에서 생활을 합니다. 그러다가 코리 텐 붐 여사만 제외하고 모두가 죽습니다. 이 영화에서 코리 텐 붐의 역할을 연기했던 배우가 당시의 저명한 목회자 빌리 그레이엄 목사와 인터뷰를 하게 됩니다. 그때 빌리 그레이엄 목사가 이렇게 질문했습니다. "당신은 배역을 준비하며 코리 텐 붐의 삶을 연구하면서 어떤 점이 가장 인상 깊었습니까?" 그녀는 대답합니다. 확신 있게 대답합니다. "기쁨, 기쁨이었습니다. 최악의 상황이지만 그녀의 얼굴에는 기쁨이 있었습니다." 그러면서 이렇게 말했습니다. "이 영화를 본 사람들은 하나같이 스크린을 통해 코리 텐 붐의 주름 사이에 기쁨이 가득 배인 얼굴을 항상 기억하게 될 것입니다."

성도 여러분, 최악의 비참한 상황에서도 그 속에 있는 예수님이 주신 평안과 기쁨은 세상에 충격을 주며 또 다른 세상이 있는 것을 증거합니다. 새로운 지식, 새로운 영광, 새로운 차원의 역사가 있음을 알려주는 증거임을 항상 기억해야 합니다. 예수님의 삶이 그랬습니다. 예수님의 역사관은 하나님 나라입니다. 이 세상과 세상의 역사 속에 계신 하나님을 보며 하나님의 역사로 충만하여 믿음으로 생각하면서 오늘을 살았습니다. 하나님의 주권과 통치가 이 세상 속에서 명백하게 나타남을 바라보며 믿음으로 승리하는 삶을 살아갔습니다. 그렇기에 그 마음에 평강이 있었고 기쁨과 용기가 있었습니다. 그리고 십자가를 지셨습니다. 그리고 제자들에게 말씀하십니다. '두려워하지 마라. 근심하지 마라.' 아니, 명령하셨습니다. '너희들이 정말 하나님의 자녀이고 하나님의 역사를 믿는다면, 살아 계신 하나님을 믿는다면 근심하지 마라. 하나님을 믿고 또 나를 믿으라.' 그리고 오늘도 말씀하십니다. '너희 근심이 도리어 기쁨이 되리라.'

성도 여러분, 로마서 8장 18절에 기록된 하나님의 말씀입니다. "생각하건대 현재의 고난은 장차 우리에게 나타날 영광과 비교할 수 없도다." 천국 백성인 그리스도인은 이러한 복음적 역사의식과 복음적 승리관을 가지고 주어진 인생을 살아가는 사람입니다. 그 역사의식과 복음적 생각 속에 하나님께서 성령을 통하여 우리에게 은혜와 평강과 기쁨과 감사를 주십니다. 그 사람은 그리스도 안에서, 역사 속에서 먼저 하나님의 나라와 하나님의 의를 구하는 자요, 오직 하나님만을 소망하며 역사의 주인이신 하나님을 갈망하고 신뢰하며 오늘을 살아가게 됩니다. 그리고 세상 속에서 영생의 삶을 살며 복음의 증인으로 승리하는 삶을 살게 되는 것입니다.

전지전능하신 은혜의 하나님, 이처럼 험악한 하나님을 알지 못하는 세상에 살며 세상 풍조에 휩쓸려 살아갈 수밖에 없는 나약한 죄인이건만, 오직 하나님의 강권적 은혜 안에서 부르심을 받아 복음을 믿음으로 새로운 인생을 살게 해주심을 진심으로 감사드립니다. 예수님의 십자가와 부활을 믿음으로 믿음의 생각으로 마음이 열리고 눈이 열리며 생각이 열려 더 깊은 곳을 보고 더 높은 곳을 보며 더 넓은 것을 보므로 하나님의 역사 아래 나의 인생이 있고 세상의 역사가 있음을 확신하며 오늘을 살게 해주심을 진심으로 감사드립니다. 성령이시여, 복음적 역사의식으로 충만하여 하나님을 알지 못하는 이 세계에 두려움과 떨림과 좌절과 낙심과 근심 중에 있는 이 세대를 향하여 복음의 증인으로 주의 평안과 기쁨을 나타내며 승리의 삶을 살아갈 수 있도록 함께하여 주옵소서. 우리 주 예수 그리스도의 이름으로 간절히 기도드리옵나이다. 아멘.

부활하신
그리스도

그러나 이제 그리스도께서 죽은 자 가운데서 다시 살아나사 잠자는 자들의 첫 열매가 되셨도다 사망이 한 사람으로 말미암았으니 죽은 자의 부활도 한 사람으로 말미암는 도다 아담 안에서 모든 사람이 죽은 것 같이 그리스도 안에서 모든 사람이 삶을 얻으리라 그러나 각각 자기 차례대로 되니니 먼저는 첫 열매인 그리스도요 다음에는 그가 강림하실 때에 그리스도에게 속한 자요 그 후에는 마지막이니 그가 모든 통치와 모든 권세와 능력을 멸하시고 나라를 아버지 하나님께 바칠 때라   – 고린도전서 15:20-24

부활하신 그리스도

미국의 타임지가 선정한 세상에서 가장 위대한 선교사로 소개된 스탠리 존스 목사의 일화입니다. 그는 평생을 인도에서 선교사로 활동하였습니다. 어느 날, 인도의 한 거리에서 그리스도의 복음을 담대히 전하고 있는데 한 이슬람교도가 나서서 이렇게 외쳤습니다. "우리는 당신네 기독교인들이 못 가진 것, 소중한 한 가지를 가지고 있소." 그래서 그게 뭐냐고 물으니, 그 사람이 이렇게 크게 대답했습니다. "메디나에 가면 마호메트의 시신이 들어 있는 관이 있어서 정말 마호메트라는 사람이 있었다는 것을 우리는 항상 확인하며 알 수 있소. 그런데 당신네 기독교인들은 예루살렘에 가봐야 빈 무덤밖에 없지 않소?"

이 말에 존스 선교사가 빙그레 웃으면서 이렇게 대답했다 합니다. "고맙습니다. 당신 말 그대로입니다. 그것이 바로 기독교와 이슬람교의 다른 점입니다. 우리 주님은 부활하셨습니다. 그렇기 때문에 우리에게는 빈 무덤밖에 없는 것입니다." 깊이 생각해 보시기 바랍니다.

역사적인 사건으로서의 부활

성도 여러분, 예수님의 부활은 추상적인 진리도 아니고 우연히 일어난 것도 아닙니다. 예수님의 부활은 역사적인 사건이며 하나님의 말씀의 성취로 일어난 사건입니다. 그래서 예수 그리스도 안에서 살아 계신 하나님의 창조주 되심과 전지전능하심, 위대한 구원의 역사와 놀라운 은혜와 사랑이 충만히 계시되어 있습니다. 오늘날 교인들 중에 십자가를 믿음에는 틀림이 없지만, 부활의 실재성에 대해서는 의심하며 추상적으로 생각하는 사람이 많습니다. 그러나 그것은 믿지 않는 것과 다름없습니다. 죄송합니다만, 저도 신학교 생활할 때까지 십자가에 대해서는 의심이 없었습니다. 오직 십자가로 충분하다고 생각했습니다. 그러나 부활 사건에 대해서는 믿음은 있었지만 돌이켜보면 추상적이었습니다. 부활을 사건으로 확신하며 그 메시지에 이끌려 살아가지 못했습니다. 이렇게 되면 예수님을 위대한 지도자나 스승으로 여겨 예수님의 가르침에만 집중하게 됩니다. 이러한 삶은 구원받은 자의 인생이 아닙니다.

세상의 불신자들과 타 종교인들도 예수님은 좋아합니다. 예수님을 싫어하는 사람은 별로 없습니다. 예수님을 좋고 훌륭한 분으로 알고 예수님의 가르침도 많이 알지만, 예수님의 부활 사건은 믿지 않습니다. 부활을 실제 일어난 역사적인 사건으로 믿지 않습니다. 예를 들어, 불교에서 크리스마스 때가 되면 "성탄 축하합니다!"라고 하는데, 부활절 때에는 "부활 축하합니다!"라고 하지는 못합니다. 만일 예수님의 부활을 믿으면 불교에서 다 떠나야 될 것입니다.

예수님의 일생에서 가장 중요한 것은 예수님의 십자가와 부활입니다. 십자가와 부활 사건을 믿음으로 구원에 이르는 믿음이 생깁니다. 이 사건은 유일한 사건입니다. 그리고 계시적인 사건입니다. 특별히 부활 사건은 모든 것을 뒤집어 버립니다. 모든 것을 변화시킵니다. 부활을 정말 믿는다면 그가 가진 세계관과 진리관, 역사관이 모두 변합니다. 인생관이나 삶의 태도도 변하게 됩니다. 상상이지만 정말 우주인 한 명이 지구에 왔다고 해보십시오. 슈퍼맨과 같은 한 사람이 오게 되면 이 한 사건이 모든 것을 뒤바꿔 버립니다. 모든 인생관과 우주관을 뒤바꾸는 것입니다. 그와 마찬가지로 예수님의 부활은 모든 것을 뒤바꿔 버립니다.

기독교의 진리는 항상 역사적인 사건으로부터 시작합니다. 그 사건 속에 계시되는 것이 기독교입니다. 그래서 그 사건 속에서 깨달음을 얻고 신앙을 갖게 됩니다. 반면에 세상 모든 종교는 가르침이 먼저입니다. 사실 가르침뿐입니다. 그 가르침에서 깨달음을 얻어 신앙을 갖는 것일 뿐, 실제 사건이 없습니다. 모든 종교는 내세를 믿습니다. 그런데 다른 종교는 내세에 대한 사건이 단 하나도 없습니다. 단지 그럴 것이라는 추측뿐입니다. 부활 사건이 없습니다. 그러니 허망할 수밖에 없는 것입니다. 이것을 구별해야 합니다.

예수님을 보십시오. 하나님이 인간이 됐다는 성육신 사건이 있습니다. 십자가의 사건이 있고 부활 사건이 있습니다. 승천 사건도 있습니다. 이 사건을 믿음으로 바른 신앙을 갖게 됩니다. 그래서 구원받은 사람은 세상에 나가서 예수님의 생애와 가르침이 어떻다는 이런 얘기보다는, 정말 거듭난 사람이라면 예수님의 십자가와 부활을 전합니다. 그 사건을 믿어야 바른 신앙을 가질 수 있기 때문입니다. 어떤 많은 가르침을 공부해서가 아닙니다. 십자가의 사건, 부활 사건을 믿음으로 성령께서 그 안에서 메시지를 줍니다.

사도행전에서도 마찬가지입니다. 사도행전은 기독교가 무엇인지에 대한 기독교의 역사를 총집합한 성경입니다. 처음부터 끝까지, 예루살렘에서 땅 끝까지 사도행전은 예수님의 십자가와 부활만을 증거합니다. 예수님의 생애가 어떻고, 어떤 기적과 가르침이 있었는지에 대한 자세한 설명은 없습니다. 그래서 사도행전을 신학적으로 연구할 때 이것이 너무 이상했습니다. 그런데 부활을 사건으로 경험하게 되니 부활 사건을 정말로 믿지 않으면 단지 종교인이 되고 만다는 것을 깨닫게 되었습니다.

예수님의 부활을 믿음으로 나타난 복음의 역사

성도 여러분, 죄송하지만 예수님의 부활을 다른 방식으로 한번 생각해 보십시오. 세상 사람들이 생각하듯이 만일 예수님의 부활이 조작된 것이거나 거짓이라면 어떻게 되는 것입니까? 성경 안에서만 생각해 보십시오. 예수님의 제자들도 3년 동안 예수님을 따라다니며 가르침을 받았지만 십자가 사건 앞에서는 다 도망갔습니다. 십자가의 죽음 앞에 벌벌 떨면서 나오지도 못했습니다. 두려움과 절망과 낙심, 고통 속에서 벗어나지를 못했습니다. 그런데 예수님의 부활 사건 후에 완전히 변합니다. 기쁨과 환희로 충만했습니다. 즐거움과 참 소망, 열정이 생겼습니다. 그리고 완전히 다른 인생을 살아가게 됩니다. 예수님을 죽인 사건에도 무서워서 도망가던 사람들이 순교를 자청하기까지 합니다. 이것이 어떻게 가능합니까? 성경을 읽어 보면 그 대답은 단 하나입니다. '아! 부활을 정말 봤구나.' 죽은 지 3일이 된 분이 부활하고 승천하는 것을 정말 목격한 것입니다. 여기에 바로 구원에 이르는 믿음이 있습니다. 이런 믿음이 아니라면 다 추상적이고 막연할 뿐입니다.

또한 성경에 나타난 초대교인들을 보면 너무나 평범한 사람들이었습니다. 그런데 이들이 "예수는 그리스도시다. 예수님은 십자가에 죽으셨으나 부활하셨다"라고 증거하며 다녔습니다. 종교지도자들과 많은 유대 백성이 위협하고 죽이려 해도 끄떡하지 않고 오히려 찬송하며 원형 경기장에 끌려가 죽습니다. 이것이 어떻게 가능합니까? 성경은 부활에 대해서 사건만 있을 뿐 설명은 별로 없습니다. 그래도 우리는 충분히 그들이 부활을 직접 목격했다고 유추할 수 있는 것입니다. 부활을 목격한 사람들은 이전 방식으로는 더 이상 살지 못하고, 이 엄청난 하나님의 역사와 살아 계신 하나님에 대한 증인으로 위대한 인생을 살아가게 됩니다. 만일 부활이 거짓이고 조작된 것이라면 기독교는 나타나지 않았습니다. 제자들도 다 도망갔을 것입니다.

성도 여러분, 기독교와 교회는 그리스도의 부활 사건을 믿음으로 나타난 복음의 역사입니다. 부활이 없다면 기독교도 없고 거듭난 그리스도인도 없습니다. 그래서 모든 하나님의 교회는 사도신경으로 이렇게 신앙고백을 합니다. "몸이 다시 사는 것과 영원히 사는 것을 믿습니다." 거듭난 그리스도인만이 할 수 있는 고백입니다. "영혼의 부활만이 아니라, 몸의 부활과 부활 생명으로 다시 살아남을 믿습니다." 예수님과 같이 되는 것을 믿는 것입니다. 예수님의 부활은 새로운 형태입니다. 예수님의 새로운 몸은 썩지 않는 몸이며 시공간을 넘나드는 몸입니다. 예수님의 새로운 생명은 죽지 않는 생명입니다. 예수님과 같이 우리 모두가 부활할 것을 믿는 신앙고백 위에 교회가 있는 것입니다.

예수님의 부활이 없었다면 십자가도 아무 의미가 없습니다. 왜냐하면 한 종교를 창시하려는 어떤 영적 각성자가 실패해서 피 흘려 죽은 것이 십자가일 수 있기 때문입니다. 본인이 살아 있을 때 자신이 부활이고 생명이라고 하신 말씀이 거짓말이 됩니다. 한낱 위대한 인간이 실패하여 죽은 사건으로 전락하고 마는 것입니다. 오늘 성경은 우리에게 말씀해 줍니다. "그리스도께서 잠자는 자들의 첫 열매가 되었도다." 예수님이 부활의 첫 열매라고 그리스도의 부활을 선포합니다. 성경에서는 죽음을 '잠잔다'라고 표현합니다. 이것이 그리스도인의 생각입니다. 왜냐하면 죽음이 끝이 아니기 때문입니다. 죽음을 넘어 마치 잠을 자고 깨는 것처럼 다시 일어나기 때문입니다.

어느 가정에 천국 소망을 가진 훌륭한 어머니가 있었는데, 여러 자녀들 중 교회도 안 다니면서 어머니의 속도 많이 썩히는 자녀가 하나 있었습니다. 아무리 그를 위해 기도해도 소용이 없었습니다. 그러던 어느 날, 이 어머니가 죽게 됐습니다. 어머니는 임종 때 자녀들을 불러놓고 말했습니다. "우리 천국에서 다시 만나자. 나는 천국 간다. 우리 모두가 천국에서 만나자." 그리고 인사말로 간략하게 "굿나잇!"이라고 했습니다. 다시 만날 것이기에, 다시 깨어날 것이기에 그렇게 인사한 것입니다. 그런데 안 믿는 그 자녀를 다시 옆에 오라고 하면서 아주 슬퍼하며 이렇게 말했습니다. "안타깝게도 너는 다시 볼 수 없겠구나. 너무 마음이 아프다. 너는 정말 다시 만날 수가 없다. 그러므로 오늘이 마지막이다." 그러면서 "굿바이!"라고 인사를 남겼습니다. 그 말을 들은 자녀는 충격을 받아 "어머니 왜 저한테만 굿바이라고 하십니까?"라고 물었고, 어머니가 이렇게 대답했습니다. "너는 예수님을 나의 구세주로 영접하지 않았기 때문에 이게 마지막일 수밖에 없지 않니? 그래서 굿바이라고 한 것이란다."

성도 여러분, 죽음은 새로운 시작으로 가는 길입니다. 성경은 천국이냐 지옥이냐, 둘 중 하나라고 말합니다. 예수님의 부활은 그것을 증명합니다. 천국이냐 지옥이냐 둘 중에 하나이지, 중간은 없습니다. 오늘 성경은 부활의 첫 열매인 예수 그리스도를 말합니다. 이것은 역사적으로 유일한 사건이기 때문입니다. 새로운 시작을 알리는 첫 사건이기에 '첫 열매'라고 말합니다. 이 사건은 부활의 최후 보증입니다. 그래서 그리스도께 속한 자, 거듭난 자, 영생을 살아가는 자들만 그리스도와 함께 부활할 것을 선포하는 것입니다. '첫 열매와 같이 너희도 차례대로 예수님과 함께 예수 그리스도 안에서 부활의 영광에 참여하리라.' 놀라운 선포를 우리에게 해주고 있습니다.

부활의 계시를 안다는 것

성도 여러분, 부활 사건을 믿는다는 것은 부활의 계시를 안다는 것입니다. 이것이 별개일 수 없는 것이 성령께서는 우리가 믿을 수 없는 것을 믿게 하시며 그 속에서 우리에게 말씀하시기 때문입니다. 부활 사건을 믿는다고 하는데 부활의 계시에 대한 확증이 없으면 추상적인 믿음에 불과합니다. 마치 석가모

니가 극락에 간 것을 믿는다고 하면서 불교인이 된 것과 비슷합니다. 그러나 그것은 주관적인 확신이지 객관적인 사건이 없습니다. 우리를 깨우는 것은 언제나 사건입니다. 중요한 것은 예수님이 부활하셨다는 것입니다. 이것을 온전히 믿으면 완전히 달라집니다. 그러나 안 믿으면 예전과 똑같을 것입니다. 이 부활 사건 속에는 부활의 메시지가 충만히 계시되어 있습니다.

잘 아시는 대로 교회를 다니면서 천국 소망을 갖고 있음에도 불구하고 성경을 안 믿는 사람이 많이 있습니다. 성경 전체를 믿는 것이 아니라 자신이 좋아하고 믿고 싶은 것만 믿습니다. 복 주시는 하나님을 싫어할 사람은 없습니다. 내 기도를 들으시는 하나님에 대해서는 너무도 고마울 뿐입니다. 그러니 항상 고마우신 하나님, 사랑의 하나님만을 찾습니다. 그런데 그런 사람과 대화하면서 거룩하신 하나님을 이야기하다 보면 거리감이 느껴집니다. '심판의 하나님', '진노의 하나님', '사랑의 하나님'은 모두 다 같은 분이신데, 성경은 오히려 심판과 진노에 대해서 더 많이 말씀하시는데 그것에 대해서는 별로 관심이 없습니다. 오직 오늘 내 문제를 해결하는 것에만 관심을 갖는 것입니다.

그러나 부활 사건은 모두 믿게 만들어 줍니다. 확신하게 됩니다. 예를 들어, 오직 한 분이신 창조주 하나님을 부활 사건을 통해서 믿게 되면 그 순간 이 세상 모든 종교는 우상숭배가 됩니다. 놀라운 부활 사건, 정말 예수님이 십자가에 죽으셨다가 부활하셨다는 것을 믿으면 침묵하거나 모른다고 할 수 없습니다. 더욱이 예수님을 유일한 구세주로 영접하고 정말 믿는다면 다른 종교 창시자들은 아무리 훌륭해도 더 나쁜 사람들이 됩니다. 왜냐하면 하나님 없이도 얼마든지 살아갈 수 있다고 미혹하기 때문입니다. 정말 부활 사건을 믿는다면 모든 것이 뒤집어집니다. 모든 것이 변화됩니다.

또한 예수님의 부활은 죽음 이후에 이루어지는 어떤 죽음의 해결책에 대한 보장을 말하는 것이 아닙니다. 예수님의 부활은 현재의 삶을 뒤바꾸는 것입니다. 예수님의 제자들이 그랬습니다. 예수님의 십자가를 보고 도망가던 제자들이었는데, 자기 십자가를 지고 순교합니다. 그것은 부활을 봤기 때문입니다. 부활 이전에는 예수님과 그렇게 오랜 기간 있어도 불확실한 주관적인 믿음이었습니다. 그러나 부활 사건 후로는 확실한 사건에 근거한 믿음으로 완전히 변화됩니다. 초대교인도 그렇습니다. 새로운 세계관과 가치관, 인생관을 갖고 살아갑니다. 정말 오직 예수님을 따라가고 말씀에 귀를 기울이며 예수님과 함께하는 삶을 갈망하며 살아갔습니다.

성도 여러분, 예수님의 죽음과 부활을 단지 나의 죽음의 문제에 대한 해결책으로만 생각하면 안 됩니다. 그것은 잘못된 것입니다. 아직 안 믿는 것입니다. 지금 살아 있을 때 부활 사건이 내게 어떤 의미인지 알아야 합니다. 부활을 정말 믿는다면 오늘의 내가 바뀝니다. 이것은 급진적으로 변화되는 것입니다. 정말 믿는다면 오늘 내게 변화가 있는 것이지 나중에 가서 변화되는 것이 아닙니다. 정말 예수님의 부활을 믿는다면 세상 중심에서 하나님 중심으로, 나 중심에서 복음 중심으로 오늘 바로 변화됩니다.

어떤 제자가 스승에게 물었습니다. "스승님, 어떻게 하면 죽음의 공포를 이길 수 있을까요?" 스승님이 지혜롭게 대답합니다. "잘 사는 법을 배우면 된다." 잘 이해하지 못한 제자가 다시 묻습니다. "어떻게 해야 잘 사는 법을 배울 수 있습니까?" 스승님이 알쏭달쏭하게 대답하십니다. "그야 간단하지. 죽음을 이기면 되지."

정말 그렇습니다. 죽음을 이기는 그 믿음으로 살아가면 이 세상에서 함부로 살지 않습니다. 생명을 함부로 대하지도 않습니다. 용기 있게 열정적으로 하나님께 영광을 돌리며 오늘을 살게 됩니다. 그것이 성경 이야기요, 오늘을 사는 거듭난 그리스도인의 인생 이야기입니다. 무엇보다도 예수님의 부활 사건은 나의 부활에 대한 확신을 줍니다. 예수님처럼 정말 내가 부활할 수 있을지 고민하다 보면 의심도 생깁니다. 하지만 예수님의 부활 사건을 믿느냐 안 믿느냐에 초점을 맞추고 그것을 믿을 때, 나의 부활에 대한 확신을 갖게 됩니다. 그리고 이제 다른 것은 별로 의미가 없어집니다. 중요한 것은 십자가의 복음입니다. 그래서 그 복음에 집중하며 복음의 증인으로 찬송하면서 오늘을 살아가게 됩니다.

사람을 변화시키는 부활 신앙

종교개혁자 마르틴 루터에게는 막델레나라는 14살 된 딸이 있었습니다. 그런데 이 어린 딸이 몹쓸 병에 걸려 죽을 날만 기다리고 있었습니다. 임종을 앞두고 모든 가족이 모인 자리에서 루터가 아이의 손을 잡고 간절히 기도했습니다. "하나님, 저는 이 아이를 무척 사랑합니다. 그런데 이 아이를 데려가려 하시다니요." 루터는 아이를 바라보면서 물었습니다. "얘야, 너는 나와 함께 있는 게 좋으니, 아니면 하늘에 계신 아버지께로 가는 게 좋으니?" 아이는 "아빠! 전 하나님의 뜻대로 할 거예요"라고 말하고는 눈을 감았습니다. 순간 방 안에는 침묵이 흘렀습니다. 그리고 조금 있다가 루터는 그 아이를 붙들고 이렇게 고백했다고 합니다. "막델레나야, 편히 쉬거라. 이제 너는 하늘의 반짝이는 별처럼 빛날 거란다. 그리고 곧 다시 부활할거야. 그래, 우리 그곳에서 다시 만나자. 나는 너의 죽음을 슬퍼하지 않으련다. 우리는 조금 뒤 다시 만날 테니까."

루터는 부활 신앙을 갖고 살았기에 죽음과 부활은 잠시 잠깐의 여행이라고 생각했습니다. 잠을 자다가 깨어나면 천국에 있으리라는 확신을 가지고 한 평생 위대한 인생을 살아갑니다. 그리고 자신의 임종 때에 이렇게 기도했다고 합니다. "주님의 손에 나의 영혼을 맡깁니다. 당신은 나를 정말로 구원하셨습니다. 주님 당신은 신실하신 하나님이십니다."

성도 여러분, 부활 신앙은 사람을 변화시킵니다. 예수님의 부활 사건에 대한 믿음은 나를 분명 변화시킵니다. 이전의 내가 아니라 그리스도께 속한 자요, 천국 백성 된 자요, 영생을 가진 자로 믿게 됩니다. 무엇보다 확실한 것은 하나님의 은혜와 사랑에 대한 의심이 없어집니다. 아무리 병들고 실패하며 어려운 일을 당해도 하나님의 은혜와 사랑에 대한 확신을 가지고 살아갑니다. 왜냐하면 부활로 증명됐기 때문입니다. 부활 신앙은 하나님의 지혜와 능력과 은혜입니다. 그래서 부활 신앙을 갖는 사람은 항상 믿음으로 영생의 삶을 삽니다. 하늘을 보며 하나님 앞에 살아 있는 복음의 증인으로 오늘을 살아가게 됩니다. 어쩔 수 없이 큰 위기와 위험의 사건들에 두려움은 갖지만,

즉시 극복합니다. 믿음으로 뛰어넘습니다. 두려워하지 않습니다. 죽음도, 시련과 고통도 두려워하지 않습니다.

성도 여러분, 우리 에덴낙원은 이 목적을 가지고 하나님의 뜻 안에 설립된 것입니다. 천국을 갈망할 뿐만 아니라, 오늘의 천국을 살아가는 것입니다. 사후의 문제가 아니라, 오늘 영생의 삶을 살아가는 것을 나타내게 됩니다. 그러므로 우리는 구별돼야 합니다. 세상을 향해 알려야 합니다. 나 같은 죄인을 하나님께서 사랑하셔서 그의 긍휼하심으로 말미암아 복음의 역사가 내 안에 나타난 것을 알려야 하는 것입니다.

오직 십자가의 길로만 부활 생명을 얻을 수 있습니다. 십자가 없는 길은 부활의 생명으로 나아가지 못합니다. 오직 십자가입니다. 그래서 주께서 말씀하십니다. '나는 그 길이다. 하나님께로 가는 길이요 영생으로 가는 길이요 천국으로 가는 길이다.' 부활 사건은 우리에게 오늘도 생생하게 말씀해 줍니다. 부활 신앙을 가진 사람은 세상에서 복음의 증인으로 예수 그리스도와 함께, 예수 그리스도를 따라 하나님께 순종하며 오늘을 살아갑니다. 그리고 확신합니다. 부활하신 그리스도께서 성령을 통하여 오늘도 믿는 자, 그리스도께 속한 자, 부활 신앙을 가진 자와 함께하심을 믿으며 임마누엘 하나님을 고백하면서 오늘을 살아가게 됩니다.

전지전능하신 은혜의 하나님, 세상에 속했고 세상에서 벗어날 수 없는 연약한 죄인을 이처럼 사랑하시어 예수 그리스도 안에서 십자가와 부활 사건을 믿는 이만한 믿음으로 살게 하시고 더욱더 그 믿음을 그리스도를 아는 지식의 충만함에 이르게 하시사 하나님께 영광을 돌리며 영생의 삶을 살며 복음의 증인으로 승리케 하심에 진심으로 감사드립니다. 우리 주변에 부활 사건을 믿지 않고 알지 못하는 너무나 불쌍한 사람들이 많습니다. 부활 신앙으로 그들을 바라보게 하시고 천국을 소망하며 천국 진리를 그들에게 나타내게 하시며 특별히 우리의 삶을 통하여 하나님의 영광이 나타나게 하여주옵소서. 오늘도 살아서 성령을 통하여 역사하시는 부활하신 하나님, 우리의 믿음을 통해서 역사하시고 우리의 삶을 간섭하시며 부활의 증인이 되게 하심을 참으로 감사하고 그것을 증거하며 살도록 지켜주옵소서. 우리 주 예수 그리스도의 이름으로 간절히 기도드리옵나이다. 아멘.